写给地理教师

张春贞◎著

安徽师范大学出版社
ANHUI NORMAL UNIVERSITY PRESS
·芜湖·

图书在版编目(CIP)数据

写给地理教师 / 张春贞著.—芜湖:安徽师范大学出版社,2022.5(2025.1重印)
ISBN 978-7-5676-5713-7

Ⅰ.①写… Ⅱ.①张… Ⅲ.①中学地理课—师资培训—研究 Ⅳ.①G633.552

中国版本图书馆CIP数据核字(2022)第085848号

写给地理教师 张春贞◎著

责任编辑:赵传慧 责任校对:祝凤霞
装帧设计:张 玲 姚 远 责任印制:桑国磊
出版发行:安徽师范大学出版社
芜湖市北京东路1号安徽师范大学赭山校区 邮政编码:241000
网 址:http://www.ahnupress.com/
发 行 部:0553-3883578 5910327 5910310(传真)
印 刷:苏州市古得堡数码印刷有限公司
版 次:2022年5月第1版
印 次:2025年1月第2次印刷
规 格:700 mm × 1000 mm 1/16
印 张:13.75
字 数:178千字
书 号:ISBN 978-7-5676-5713-7
定 价:49.00元

从浸润课程系统到培育学科自信

我将这个题目作为《写给地理教师》的读后认知主旨，是源于作者表现出的一种对地理教师担当的深刻感悟。

作者是经华东师范大学地理科学学院一位教授推荐认识的。虽然尚未谋面，但先读了她的《写给地理教师》这本书，我感受到了一位地理骨干教师的专业素养和她对地理学科的责任担当和情怀。

自2012年起，上海市建立见习教师规范化培训制度，至今已有十年。中小学见习教师规范化培训课程对新入职教师提出了18项任务，涉及四个模块，即“职业感悟与师德修养”“课堂经历与教学实践”“班级工作与育德体验”“教学研究与专业发展”，也可以转述为三个问题，即“做怎样的教师”“怎样做个合格教师”“为谁做教师”。每位教师从走上讲台开始，就会遇到这三个问题。这三个问题也会伴随教师的终身。著名人民教育家于漪有一句名言：“我一辈子做教师，一辈子学做教师。”本书着实体现了于漪老师这句话的内涵。

我曾经在上海松江区对青年教师们有过三点专业发展建言：“通课程”“善教学”“会研究”。“通课程”是指教师要通透自己任教的学科课程，一位教师要想对自己学科有真理解，就要深度阅读关于学科课程的专业书籍。只有对学科课程积淀了通透之悟，驾驭学科教学或学科建设才会有相应的境界和底气。“善教学”是指一位称职教师或好教师要善于在课堂教学上下功夫，“课堂是教育发展的核心地带”，“教育和课程改革的神经末梢是课堂”。当前，课堂教学改革需要将重心从“教”下移到“学”，需要对学习有根本的认识，这离不开课堂实践。这就要求教师在课堂实践中不断反思、正视自己，扬长补短，成为一名“善师”。“会研究”是指教师要在实践与反思基础上强化学习，能认识到自己的短板并善于汲取别人的专业经验加以改进，站在“巨人”肩膀上发展。其中很重要的一个标志就是能够将研究收获作文立言甚至著书立说。青年教师应该这样实现专业发展，其实所有教师都应该这样，“通课程”“善教学”“会研究”这三点是没有“完成时”的，永远是“进行时”。作者就是在这条“进行时”的专业道路上砥砺前行。

我还曾经在黄浦区一次地理名师工作室结业展示活动中，做过“做个‘地理大先生’”的学术报告。何谓“地理大先生”？当时是借王国维在《人间词话》中提出的“三种境界”的说法来解读的。第一种境界是“昨夜西风凋碧树，独上高楼，望尽天涯路”，引自晏殊的《蝶恋花·槛菊愁烟兰泣露》，能够在众人迷茫时独自“抬头望远”。这对地理教师而言就是能够看到地理育人的高远之处，也就是能通透地理解核心素养对学生终身发展的价值，敢于为素养培育鞠躬尽瘁、不怕孤单独行、初心不忘。第二种境界是“衣带渐宽终不悔，为伊消得人憔悴”，引自柳永的《蝶恋花·伫倚危楼风细细》，能针对专业问题“埋头实干”，具体实践就要参照上述所言，聚焦“通透学科”“改进教学”“梳理总结”，面对问题，深入研究，孜孜不倦地坚持使命担当，坚忍不拔。第三种境界是“众里寻他千百度，蓦然回首，那人却在，灯火阑珊处”，引自辛弃疾的《青玉案·元夕》，指不知不觉中已经修炼到了“低头淡定”，已经形成了独特的“教学特色”“教育风格”，但这一切都是水到渠成，自己却没有一点激动，就坐在“灯火阑珊处”喝喝茶、听听琴声，低调做人。我们知道华东师范大学有诸多地理老教师都是这样的“地理大先生”，他们也是我们所有地理教师的模范。

这本书有“师德与成长篇”“教研与实践篇”“经验与感悟篇”三部分内容，似乎暗合了上述三种境界的指向。做“地理大先生”应该是一位地理好教师的追求，甚至是一辈子的追求，是一种目标，是一种格局。我将这种感悟在这里再次表达，权作为阅读这本书时写下的“序”，以供各位同仁们批评教正。

辛丑岁末于清风白水楼

（赵才欣：中国教育学会地理教学专业委员会常务理事，上海市教育学会地理教学专业委员会常务副主任兼秘书长。曾任上海市建平中学副校长、上海市教育委员会教学研究室副主任。）

自　序

回顾近三十年的工作，我越来越羡慕现在的年轻教师们了。他们非常幸运，刚刚踏上教师工作岗位，就遇到了教师专业发展的大好时机。因为从2012年起，为推进上海基础教育优质均衡化发展，上海市基础教育系统全面实施见习教师规范化培训制度。回想当年刚刚开始做教师的时候，由于学校师资普遍比较紧张，我们都是直接就被学校委以重任"挑大梁"了。因为那个时候，师傅本身工作量就很大，常常自顾不暇，所以，所谓的"师徒结对"，往往是形式上多一些。而现在的新教师，一到工作岗位，马上就会有学校里经验丰富的师傅带教。师徒间除了在学校听课交流以外，课外时间也可以利用电话、微信等方式及时地沟通。个人也可以通过网络搜索快速有效地解决工作和学习中的疑难问题。此外，他们更有市、区两级新进教师系统化、规范化的培训学习机会。

自从《上海市中小学（幼儿园）见习教师规范化培训的指导意见（试行）》下发以来，上海市各区积极推进见习教师规范化培训工程。由于我是普陀区中学地理高级指导教师、普陀区初中地理学科中心组成员，我们学校是上海市中小学见习教师规范化培训基地学校，再加上我担任学校史地组教研组组长工作，同时承蒙地理教研组教师们对我的信任，近几年来我一直都从事着地理见习教师培训带教的工作。通常情况下，我一年带教两名见习教师。根据见习教师规范化培训带教要求，作为见习教师的带教教师，我要从教师职业感悟与师德修养、课堂经历与教学实践、班级工作与育德体验、教学研究与专业发展四大方面，全面关注见习教师职初阶段的业务成长。

在近几年地理见习教师带教的过程中，我深刻感受到：刚踏上教学岗位的见习教师，由于大学期间的教育教学实习期比较短，通常只有一至三个月的时间，他们教育教学的实践经验普遍不足。所以，踏上工作岗位以后，他们在落实学科课程标准、听课、评课、备课、课后反思的撰写、作业批改、编拟试卷、试卷质量分析等方面都有待提高，的确需要指导教师从教育、教学等方面进行全方位的带教指导。

在近几年地理见习教师带教的过程中，我尽心尽力，认认真真，带出了不少优秀地理见习教师。由于带教成绩突出，我多次被评为上海市见习教师优秀带教教师。为了帮助青年地理教师快速成长，我把这几年带教见习教师过程中使用的讲义，工作以来在《地理教学》《现代教学》等有关期刊上发表的论文、教学案例，以及在不同类型的教育教学论坛上交流的个人经验完善后集结成册——《写给地理教师》。希望这本书能够帮助刚刚踏入教学岗位的年轻的地理职初教师尽快提高地理教学基本功，适应地理教师的角色。我也希望这本书能够对即将进入教师岗位的师范类高校地理系学生的教育教学实习和国内年轻的地理教师同行的日常教学提供一定的帮助。

最后想说明的是，囿于我的学识水平，书中疏漏之处在所难免。在此，恳请各位地理教师同行，多提宝贵意见和建议！

2022年2月于上海

目　录

师德与成长篇

地理教师要有“家国情怀”

教师职业道德，是教师在从事教育劳动中所遵循的行为准则和必须具备的道德品质。我国《中小学教师职业道德规范》规定，教师职业道德包括爱国守法、爱岗敬业、关爱学生、教书育人、为人师表、终身学习六个方面的内容。其中第一条爱国守法，指教师要热爱祖国，热爱人民，拥护中国共产党领导，拥护社会主义，全面贯彻国家教育方针，自觉遵守教育法律法规，依法履行教师职责权利，不得有违背党和国家方针政策的言行。作为一名教师，我特别喜欢明代思想家顾宪成的“风声雨声读书声，声声入耳；家事国事天下事，事事关心”这副对联。它体现了读书人既认真读书，又关心国家大事的胸怀。工作以来，我始终觉得，作为一名地理教师，关于爱国守法还应该有一个更重要的内涵，那便是地理教师的“家国情怀”。所谓“家国情怀”，指的是一个人对国家和人民所表现出来的深厚的情感和爱。它既包含着一个人对自己祖国的高度认同感，也包含着一个人对民族发展和家乡建设的高度责任感和使命感。

2019年3月，习近平总书记在学校思想政治理论课教师座谈会上，给全国教师提出了六点明确要求，其中之一就是“情怀要深，保持家国情怀，心里装着国家和民族，在党和人民的伟大实践中关注时代、关注社会，汲取养分、丰富思想”。是啊，教师是知识分子，是教育一线的践行者，也是家国情怀重要的传递者，教师自身必须具有家国情怀。

一、实现我国义务教育地理课程育人的总目标，地理教师必须具有“家国情怀”

我国义务教育地理课程的总目标是掌握基础的地理知识，获得基本的地理技能和方法，了解环境与发展问题，增强爱国主义情感，初步形成全球意识和可持续发展观念。地理教师是实现我国义务教育总目标的参与者、践行者，所以，从踏入地理教育殿堂起，作为一名地理教师，我们就得有非常明确的奋斗目标：我们在为国家培养未来的建设者和接班人，我们必须通过努力，让祖国未来的建设者和接班人具备强烈的爱国主义情怀。

具有家国情怀的地理教师，不仅要教学生立足眼前，更要教学生放眼世界，胸怀天下；会时时刻刻地把祖国放在心中；会利用每一个可能的机会对学生进行民族危机感、民族自豪感、可持续发展等理念的教育，让学生有全球视野，家国情怀，并在此基础上，初步形成全球意识和可持续发展观念。

二、具有家国情怀的地理教师，不会患得患失，会始终满怀工作热情

在义务教育阶段，由于地理学科在当前上海市的初中学业水平考试中属于非计分科目，有相当一部分初中阶段的学生甚至家长、学校领导，把地理学科当作副科，思想上不怎么重视地理学科。再加上有的学校现行的教师绩效考核规则中，地理学科教师似乎也处

于一定的劣势。因此，作为一名初入职场的青年地理教师，刚刚走向工作岗位，往往会感受到一种比较大的落差。感觉自己教的学科不怎么受重视，教学工作成就感也就比较低。碰到这样的情况，青年地理教师要能够正确面对，要牢记我们地理教师和其他学科教师一样，都是在为国家培养人才。地理素养是一个公民生活和立身社会的基础素养。地理教学工作对国家和社会未来人才的培养是至关重要的。

一位具有家国情怀的教师，会时刻关注国家的前途和命运，愿意为国家的繁荣富强而努力奋斗！身为一名教师，必须认识到时代赋予我们的伟大使命，必须时刻忠诚于党和人民的教育事业，要把自己的工作和学生的健康成长紧密联系在一起，要把自己的工作和实现理想信念紧密联系在一起，要把自己的工作与家乡的振兴发展、国家的繁荣昌盛紧密联系在一起，从而在工作中不患得患失，始终满怀工作热情。

三、具有家国情怀的地理教师，地理课上会注重培养学生民族文化自信

北京景山学校的马淑珍老师曾经这样说："我虽然只是每节课教孩子认识几个汉字，但这几个汉字却连着祖国。"正如马老师说的，可能仅仅几个汉字，也可以让我在地理课堂上展现一位地理教师的家国情怀，培养学生的民族文化自信。我在教学过程中发现，无论是初中学生，还是高中学生，有的字特别容易写错，考试也常常因此丢分。例如"温"与"湿"，初、高中学生都有把"温度带""气温"写成"湿度带""气湿"的现象，也有把"气候湿润"写成"气候温润"的现象。我在作业讲评的时候，给学生介绍了我国的汉字——汉字具有集形象、声音和辞义三者于一体的特性。这一特性在世界众多文字中是独一无二的，因此汉字具有独特的魅力。汉字

是中华民族几千年文化的瑰宝，也是我们每一个中国人终身的良师益友和精神家园。汉字往往可以引起我们美妙而大胆的联想，给人美的享受。为了让他们牢牢记住“温”与“湿”两个字的区别，我让他们把“温”字拆开来看，并且试着解读其含义。学生根据拆开来的字，大致能够知道这个字的含义。然后，我把“温”字的演化过程利用演示文稿（Power Point，PPT）展示给他们：温，初为会意字。本字为“昷”，其上部的囚，即“泅”的省略，表示小孩洗澡；下部的“皿”，既是声旁也是形旁，是“盆”的省略，表示宽敞的盛器。篆文“昷”，表示加热浴盆里的水，以便供幼儿洗澡。后来，隶书将篆文字形中的“水”写成“三点水”，并将篆文字形中的“囚”简写成了“日”。这样讲解，学生不但掌握了这个字，也为中华汉字文化的博大精深而自豪。我的地理课上，类似的还有“短”“矮”“疆”等字的解读。一位具有家国情怀的地理教师，要注重在教学过程中培养学生的文化自信。

四、具有家国情怀的地理教师，眼里看到的不仅仅是学生的现在，还有国家和民族的未来

一位具有家国情怀的地理教师，会紧跟新一轮基础教育改革的步伐！她在工作中不会仅盯着学生的考试分数，而是在教学生学科知识的同时，还教他们做人的道理，教他们明辨是非，教他们掌握学习地理的方法。一位具有家国情怀的教师，眼里看到的不仅仅是学生的现在，还有国家和民族的未来。她的工作是为了学生将来的全面发展而努力。她会立足于学生的长远发展，为学生终身学习而奠基。所以，她会在每一节课，尽可能地利用机会，提醒学生要为国家富强、民族发展而努力学习，学会学习，坚持学习！

家国情怀，是一位地理教师从事地理教学工作的精神支柱，是地理教师实现自身价值和理想信念的动力源泉。一位地理教师，只

有把自己的责任和使命，汇入这个时代、这个国家和这个民族的发展，才能真正厚植爱国主义情怀，把爱国情、强国志、报国行自觉融入坚持和发展中国特色社会主义事业、建设社会主义现代化强国、实现中华民族伟大复兴的奋斗之中。

要持之以恒地学习

众所周知，学习是一个人提高素质、增长才干的重要途径，也是一个人做好工作、干好事业的重要基础。关于学习，中国当代作家王蒙如是说：“每天都可以学到一些新的东西，总有你不知道的。所以说生命不止，学习不止，成长不止。”“学习使我不悲观、不绝望、不疯狂、不灰溜溜也不堕落，而且不虚度年华，不哭天抹泪，不怨天尤人，不无可奈何，不无所事事。”习近平总书记强调：学习需要沉下心来，贵在持之以恒，重在学懂弄通，不能心浮气躁、浅尝辄止、不求甚解。的确如此，工作以来，持之以恒地学习，使我的生活丰富充实，业务水平也不断提高。

一、课程改革促使我不断学习

从20世纪90年代参加工作起，我先后经历了一期课改、二期课改，到后来的新一轮基础教育课程改革（简称“新课改”）。每一次的课程改革，都意味着教师需要面对新的教学理念、新的教材、新的教法。教师承担着为祖国培养未来的建设者和接班人的使命，是课程改革的实施者。课程改革成功的关键在于教师。因此，每一次的课程改革，作为教师的我都必须做好充分的准备：努力学习课程改革的理论，更新教学观念，迎接挑战。每一次课程改革，都推动着我不断地学习。持之以恒地学习，使我能够尽快地适应每一次的课程改革，积极跟上课程改革的步伐，不辱肩负的教育使命。

二、教育技术的不断革新推动我学习

工作以后，随着科学技术的不断发展，教育技术也在不断地革新：从工作最初的刻钢板印试卷，到现在的激光打印机打印试卷；从工作最初上课使用的地图挂图，到薄膜投影机、实物投影机、多媒体，再到现在的电脑一体机。很显然，不断发展的科技水平，带来了教学设备的不断更新，对教育工作者提出了一次又一次新技术的挑战，对教师也不断提出新的要求，尤其是新课程改革。新课程改革强调教师要改变传统教学方式。现代教学技术在课堂上的广泛运用，能帮助教师实现教学方式的变革。作为教师，我必须清醒地认识到，要想适应教育技术的不断革新，除了牢固掌握本学科教学的专业知识外，还必须学习和掌握现代教育技术的基本理论和使用方法。现代教育与传统教学手段迥然不同。现代教育技术的运用，提高了地理课堂教学的直观性，使抽象变得形象，可以充分发挥学生的想象力，激发学生的学习兴趣，从而提高课堂教育教学质量和效率。现代教育的技术手段越来越先进，越来越智能化，教育技术的不断革新也推动着我不断学习。

三、学生及家长群体的改变要求我不断学习

工作以来，我面对的学生，从“70后”“80后”，到现在的“00后”“10后”；从非独生子女到独生子女，又到非独生子女，一直都在变化。现在想来，二十多年前的学生，似乎比现在的学生“听话”。他们在师生互动中，多数情况下对教师提出的要求是接受、服

从。但是，现在的学生，有想法、会质疑，他们有时候有些言行甚至会让教师措手不及。记得在一次心理讲座上，心理专家说过这样一句话："成年人往往用自己的思维方式去理解孩子们的语言，所以经常不能明白孩子真正的想法，而孩子也没法解释自己的想法，所以交流障碍会越来越严重。"这句话对我触动很大。此外，新课改的学生观也这样说：学生是完整的人，每个学生都有自身的独特性，学生与成人之间存在着巨大的差异。所以，为了更好地教好学生，我得主动学习。我想办法了解目前我所教学生的心理特点，甚至对他们熟悉喜欢的电子游戏等也尽可能地想办法去了解，尽可能地拉近自己与学生的心理距离，促进自己的教学工作。

和学生不断变化的情况类似，学生家长的情况也在不断变化。我刚刚参加工作的时候，所教的学生都是20世纪70年代后期出生的，他们的家长，受各种因素的影响，文化程度普遍比较低。而现在的中小学生家长，文化程度普遍呈现出越来越高的现象，有些家长本身也是独生子女群体，等等。所有的这些变化，都会或多或少地在我的工作中呈现一些新情况、新问题。这些变化也都在促使我不断学习。只有不断学习，我在工作中才能从容应对可能出现的各种新情况、新问题。

四、学习使我的工作与生活都快乐充实

一位哲人说过："读一本好书，如同与一位高尚的人谈话。"工作以来，每年的寒暑假，相对空闲的时候，我都会阅读很多书籍，并且认真地撰写读书笔记。学习使我的工作与生活都快乐充实。

有一年暑假，我静下心来仔细品读了《论语》。这本书对我的工作与生活产生了深远的影响。"三人行，必有我师焉"，这句话使我"见贤思齐"，和组内同行形成了学习共同体，互相学习，互相促进，工作中有了良好而愉快的人际关系，业务上也得到了快速成长。"知

之者不如好之者，好之者不如乐之者”，这句话让我知道了“兴趣是最好的老师”，工作中要想方设法地提高学生对地理学科的学习兴趣，促进了我的地理教学。读完《论语》这本书后，我还写了一篇读后感——《〈论语〉：我工作生活的良师益友》，发表在《现代教学》（2018年第1AB期）杂志上。

尽管我是一名中学地理教师，但是我一直都很喜欢古诗词。每当有闲暇时间，我都会读古诗词。我在地理课堂教学中，经常引用古诗词。古诗词的引用，使我的课堂特别精彩且有特色。在我的地理课上，通过诵读古诗词，学生领悟了一些难以理解的地理现象，提高了他们对地理学科的学习兴趣，极大地促进了我的地理教学。我把教学中关于古诗词的引用进行梳理，整理成一篇论文——《引用古诗词促进地理教学》，发表在《现代教学》（2017年第9期）上。

俗话说“活到老，学到老”。学习是个不间断的过程。上海语文特级教师、人民教育家于漪老师这样说：“我一辈子做教师，一辈子学做教师。”的确如此，“问渠那得清如许？为有源头活水来”，工作以来，持之以恒地学习，让我的学科知识不断巩固、更新，让我的现代信息技术的使用水平不断提高，使我能够从容应对每一次的教育改革，步步紧跟着教育发展的步伐奋勇前进！

《中小学教师职业道德规范》中的“终身学习”，要求我们中小学教师要树立终身学习理念，遵守教师培训制度，不断学习，与时俱进，自觉更新教育观念，完善知识结构，潜心钻研教育教学业务，不断提高教书育人的能力水平。作为教师，我们一定要树立终身学习的理念，要持之以恒地学习。

教师要学会写读书笔记

读书笔记是指人们在阅读文章或书籍时，及时地把值得记录的内容和自己的心得、体会、感想写下来的一种文体。读书笔记有摘抄式、文献式、卡片式、索引式等形式。

宋代理学家朱熹认为读书有“三到”，即“心到，眼到，口到”。而中国现代文学家、思想家、哲学家胡适却认为“三到”的读书法是不够的，须有“四到”，即“眼到，口到，心到，手到”。也就是说，读书单靠眼到、口到、心到还不够，必须还得自己动手，才能有所得。俗话说“好记性不如烂笔头”，看过的东西是会遗忘的，学过的东西也是会遗忘的。当你看完一本书，多少会学到、记住一些知识。但千万不可以想当然地以为，这些知识学过了就永远忘不掉了。德国心理学家艾宾浩斯研究发现，遗忘在学习之后立即开始，而且遗忘的进程并不是均匀的。最初遗忘速度很快，以后逐渐缓慢。因此，学习过的内容，过一段时间，大部分是会遗忘的。读书笔记有利于帮助我们整理自己的思维，理解和记忆学习的知识。在日常学习过程中，及时地做笔记可以使注意力更加集中到学习的内容上。同时，做笔记的过程也是一个积累、思考的过程。做笔记可以充分地调动手和脑，促进对所学知识的理解，同时笔记还有预防遗忘、方便查询等功能。在知识点即将被忘记的时候，我们可以阅读读书笔记温习一遍，即可快速而准确地重新掌握即将被遗忘的知识点，不需要费时费力地从头到尾重新再学一遍。

读书笔记是知识资料的“仓库”，经过分门别类地整理，形成体系。当你需要时，查找起来十分方便，比到书架上“大海捞针”省时省力。我国著名历史学家吴晗，一生中积累了上万张卡片，他在做报告、写文章时，都可以很快找到所需的资料。资料是科学研究、论文撰写的基础。因此，积累材料是科学研究、论文撰写的第一步。

读书笔记，不是照抄读物的原文，而是必须以对所读的书籍、文章的内容有所理解为前提。读过书籍、文章之后，总要想一想，究竟哪些内容是值得记下来的。所以我们在读书籍、文章时就要格外认真仔细，没读懂的地方要反复领会、琢磨明白，然后把其中新颖、独到的内容记下来。在边读边记的过程中，积极思考，这样自然就加深了对读物内容的理解。

做读书笔记，需要结合自己的感悟、语言来表达，这是运用语言的训练，有助于写作能力的提高。做笔记是手脑并用，把读、想、写结合在一起，把读书的收获和心得体会结合起来。这样持之以恒地记笔记，写作能力就会自然而然地得到提高。总之，做读书笔记不仅能提高阅读书籍、文章的效率，而且在此过程中，能提高写作能力和科学研究水平。这一点我深有体会。

工作中，作为地理教师，为了业务发展，有时候需要写教学科研方面的论文。写论文的时候，常常需要引用一些专家的观点、结论，所以当我们看到写文章可以或者有可能引用的重要信息时要及时记录下来。这就需要我们学会做文献类读书笔记和索引式读书笔记。

一篇文献类读书笔记需要记录的内容大致包括：这是关于什么

问题的什么论述？它对于我以后要做的研究、写的论文有哪些参考价值？我对于这个问题有什么自己的见解？这些信息来自什么杂志（书籍）？第几期？作者是谁？等等。文献类读书笔记也要进行分类：实证研究类、中文文献类、外文文献类、数据类、纯理论类、政策分析类、学术争论类、案例材料类等。

例如，我做的关于深度学习①的文献读书笔记。

深度学习

深度学习（Deep Learning，DL）是机器学习（Machine Learning，ML）领域中一个新的研究方向。它被引入机器学习使其更接近于最初的目标——人工智能（Artificial Intelligence，AI）。深度学习是学习样本数据的内在规律和表示层次。这些学习过程中获得的信息对诸如文字、图像和声音等数据的解释有很大的帮助。

索引是检索资料的一种工具。索引式笔记，就是将所读的书籍、文章中的重要资料，按问题性质在卡片上标明出处、作者、页码等。严格说来，它算不上真正的读书笔记。教师做索引笔记有以下几种情况：第一种情况是为了研究某个问题，急于从很多书中找有关资料，读过以后来不及摘抄；第二种情况是整本书中有关某个问题的论述材料很多，简单摘抄解决不了问题，详细抄下来又太耽误时间；第三种情况是自己有这本书，只需要按问题编出索引，便于随时查阅，不需要再花时间专门摘抄；第四种情况是做的专题笔记很多，使用时查阅起来仍有困难，就还需要做一个笔记材料索引。索引式读书笔记的特点就是只记一个文题和出处，非常简明，特别方便

①孙志军，薛磊，许阳明，等.深度学习研究综述[J].计算机应用研究，2012(8)：2806-2810.

查阅。

需要提醒的是，做完读书笔记，不可以将它束之高阁，要学会阅读、思考、使用读书笔记，养成过一段时间就翻翻自己读书笔记的习惯。这样，就会对读书笔记里的内容有印象。如果阅读读书笔记以后再加以思考，也许就会让你对某些观点产生认同或者质疑，这个时候，写文章的灵感可能会被激发出来。还有，多读读自己的读书笔记，也会使自己的教学、论文等可以有更多更好的素材。例如，在讲“黄土高原地区”一课中关于黄土高原地区水土流失严重的治理措施与方法时，讲到了建“鱼鳞坑”。我就是在多次翻看自己读书笔记的情况下，记在脑子里、用在课堂上的。

关于鱼鳞坑的读书笔记：

鱼鳞坑是一种水土保持、造林整地的方法。在较陡的梁、峁坡面和支离破碎的沟坡上沿等高线自上而下地挖半月形坑，呈品字形排列，形如鱼鳞，故称鱼鳞坑（图 1）。鱼鳞坑具有一定蓄水能力，可将树植在坑中，保土保水保肥。

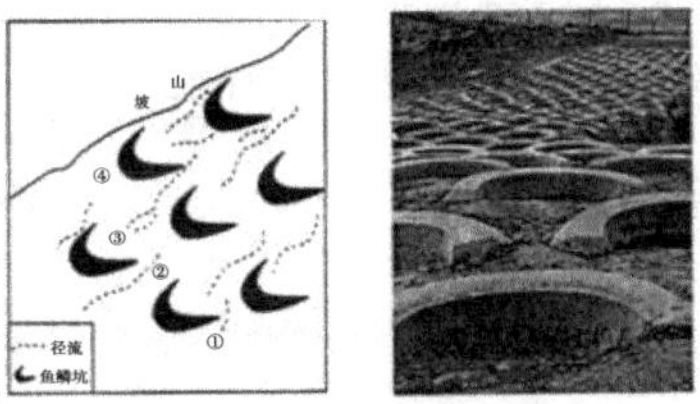

图 1　鱼鳞坑示意

地理教师要养成记录地理新闻摘要的习惯

作为一名地理教师，我们要“家事国事天下事，事事关心”，养成以地理的视角看新闻的习惯。看新闻的过程中，把看到的新闻进行筛选，将可能与地理教学有关的新闻归类整理，简明扼要地记录下来，成为地理新闻摘要，并适时引入地理教学中，进而促进地理教学。

一、地理时政新闻引入课堂教学，可以激发学生地理学习兴趣

在地理教学中适当引入地理时政新闻，不仅能把生活中的地理现象和课本上的地理知识有机结合在一起，丰富课堂教学内容，使课堂教学更加生动、直观、有趣，还能将教学内容与生活紧密相连，增强地理知识的说服力，从而提高学生分析和解决地理实际问题的能力，激发学生学习地理的欲望，进而落实地理学科核心素养的学习，实现真正的有效课堂、高效课堂。同时，也促使学生学会重视生活中的新闻信息与地理知识的有机联系，养成终身学习地理的好习惯。

2021年春季，在我上沪教版地理六年级第二册“多变的天气”这节课的前一天，中央气象台发布了我国东部地区大范围的寒潮预警的消息。第二天，在课堂上我把这个新闻视频播放给学生看。听到天气预报的主持人说寒潮将于次日下午六点钟左右到达上海的时候，学生很纳闷：他们怎么知道寒潮什么时候到啊？我说这是科技的力量，然后把我国风云气象卫星的情况简单介绍了一下，并且很自豪地告诉他们：我国已经成为继美、俄之后世界上同时拥有两种轨道气象卫星的国家。截至目前，我国风云气象卫星家族全球用户“朋友圈”已增至121个国家和地区。风云气象卫星家族为这些国家和地区乃至全球气象预报、自然灾害应对和生态环境治理，发挥了重要作用。那么，天气预报专家预报天气的依据是什么呢？卫星云图。我就很自然地把地理课本上关于卫星云图的知识，适时地引入教学中。“卫星云图中有些地方呈白色，有些地方呈黑色或灰色。如果地球表面是一片晴空区，云图上表现为黑灰色。黑色越深，表示天气越晴好。当某地上空为云、雨覆盖时，云图则表现为白色或灰白色。云色越白说明云层越密，降雨强度也就很大。晴空区与云雨区之间的过渡带通常为深灰、灰、浅灰色，表示有不同厚度的云而无明显降水。”当学生明白这些知识时，对云图的兴趣变得非常浓厚。有一个学生问：“老师，上海明天天气怎么样？我们自己可以通过看卫星云图知道吗？”“可以啊！”我回答道。我马上在电脑上打开实时卫星云图，让他们根据前面刚刚学习的关于云图的知识，结合云层的厚度、云团前进的方向，判断明天上海市的天气怎么样，并提醒他们明天可以自己验证。想不到，那一节课后，有不少学生还真养成了看实时卫星云图的习惯。不过这里我想说明的是，课堂上教学生看卫星云图判断天气情况，看起来很容易，但是在实际生活中，天气多变，天气预报需要专业人员结合卫星云图以及专业知识、经验，进行综合判断。

地理教师可以借助地理时事新闻，结合教学内容和学生认知，创设启发学生思考的问题情境，有效落实地理课堂教学的重点、难点。此外，地理新闻用在课堂教学内容的引入方面，也可以起到很好的作用。比方说在初中地理我国四大高原的学习中，为了突出内蒙古高原平坦开阔的特点，我用地理新闻作为课堂引入："经常看新闻联播，关心国家大事的同学一定会发现，我国卫星回收或载人航天器回收的时候，都选择在我国某一个高原进行，大家知道是哪一个高原吗？""内蒙古高原。"绝大多数学生都能够回答出来。"我国有四大高原，可是为什么我国航天回收场选在内蒙古高原呢？今天让我们揭开这个秘密！"在高中地理天气系统的教学中，我都是利用台风的新闻视频作为课堂教学引入的。如2017年，我在上高中地理天气系统这一部分内容时，就播放了关于台风"卡努"的视频："受台风'卡努'外围云系和冷空气共同影响，昨天（2017年10月15日）浙江宁波、舟山、台州东部、绍兴东部等地出现暴雨，部分地区大暴雨。截至16日上午10时，近12小时全省共有229个乡镇雨量超过50毫米，99个超过100毫米，4个超过300毫米。另外，昨天我省沿海海面和部分沿海地区出现8～10级、局部11级大风，最大为嵊泗徐公岛35.7米/秒（12级）。"视频播放以后，马上引出教学内容——台风为什么带来这么大的灾害？它是一种怎样的天气系统呢？

二、地理教材数据相对滞后，需要我们养成记录地理新闻摘要的习惯

一般情况下，教材从编写到印刷，最后发到学生手中，需要一定的时间。再加上社会不断发展，许多数据在不断更新，而教材却不可能随时更改，因此，地理教材中有些数据是相对滞后的。目前沪教版的初中地理教材以及配套地理图册中，使用的数据资料绝大部分都是2017年以前的数据，有些甚至是更早的数据。地理教材数

据更新不可能很及时，需要我们地理任课教师通过养成记录地理新闻摘要的习惯，主动及时更新教材中的数据资料，教学中更为及时地补充准确的学习内容。事实上，我国《全日制普通高级中学地理教学大纲》中也有相关的要求：教学中要注意地理科学的新成果和国内外形势的发展。地理科学研究的新成果不断涌现，国内外形势发展变化也很快。教材编写人员和教师应根据这些新成果和形势的发展变化，及时对教学内容进行必要的补充和更新。例如，沪教版地理七年级第一学期教材中我国人口的有关数据，虽然已经更新到2010年第六次人口普查的数据，但是实际上2021年5月11日国家统计局、国务院第七次全国人口普查领导小组办公室已经发布了中国人口最新数据：全国人口共141178万人。数据表明，我国人口10年来继续保持低速增长态势。如果我们养成了记录地理新闻摘要的习惯，及时地记录新闻中关于人口的数据，更新课堂教学内容，就可以让学生了解我国人口相对准确的最新数据信息。

事实上，除了人口数据以外，还有很多其他的数据，也需要不断地更新和完善。如我国工农业总产值、我国高速铁路和公路的运营里程、我国每年的发电量等，国家统计局每年都会公布新的统计结果。如果我们养成了记录地理新闻摘要的习惯，及时地把这些数据记录下来，并且在课堂上及时用这些数据材料补充、完善教材内容，不仅能使我们课堂教学内容更加接近实际情况，更有说服力，还能使学生深刻感悟到我国社会主义建设的伟大成就，激发学生的爱国热情，提升学生的民族自信心和自豪感！例如，2010年以前上初中地理课，学习“一衣带水的邻邦——日本”这节课时，要讲到“火车飞驰的新干线，1964年日本火车最高时速达210千米”，而当时我们国家火车时速只有其火车时速的三分之一左右。现在，作为地理教师，我们可以通过地理新闻摘要，在教学中很自豪地对学生说：2010年12月3日，我国“和谐号”CRH380A新一代高速动车组列车在京沪高速铁路上创下486.1千米/小时试验速度纪录，目前我国高铁的平均时速超过300千米。

三、养成记录地理新闻摘要的习惯，为编拟地理试卷积累材料

近几年，在全国各地中高考地理试题中，以地理时政材料为载体的试题大量呈现。试题中，往往以一个地理时政新闻作为出题的载体，挖掘出能够考查的地理基础知识、基本原理及综合运用的内容。其实，这也是理论联系实际，考查学生学以致用，综合运用所学知识的一个手段。毕竟，《义务教育地理课程标准》（以下简称《课标》）的基本课程理念是学习对生活有用的地理，学习对终身发展有用的地理。这就要求地理教师在地理教学中，要注意挖掘涉及学生所学知识点的地理时政材料，作为编拟地理试题的载体，考查学生地理学习的情况，同时尽可能提高学生学习地理学科的兴趣，培养学生地理学科核心素养。

例如，2022年1月14日和15日，太平洋岛国汤加海底火山喷发后，造成海水倒灌、民宅被毁等巨大影响，日本、澳大利亚、美国和智利等国发布海啸预警。此次火山喷发规模巨大，据有关专家估计，此次火山喷发释放的能量大概相当于1000颗广岛原子弹。利用这一地理时政热点出题，无论是初中、高中地理，都有不少考点：汤加的时区及国际日期变更线，海啸与地震，世界两大地震带，海啸、火山等自然灾害的影响，世界文化圈，汤加的气候类型及特点等。

再比如，2022年2月4日，以“构建人类命运共同体”为核心表达，以“简约、安全、精彩”为创作原则，立足于从全世界的角度展望美好未来的第二十四届冬季奥林匹克运动会开幕式在国家体育场鸟巢举行。北京冬奥会是全球首次规模化使用8K技术直播体育赛

事活动，也是奥运会历史上首次使用8K技术进行开幕式直播的赛事活动。北京冬奥会的手持火炬使用绿色、环保、无污染的氢气作为燃料，是冬奥会历史上首次实现火炬零碳排放。在设计和研制过程中，相关人员收集了近一个世纪历届冬奥会火炬的相关情况，借鉴了各国成功经验。奥运火炬燃料从最初的镁块，逐渐演化成丙烷，再到如今无污染、零碳排放的氢气，体现了北京冬奥会的绿色环保理念和中国的科技实力。该时政情境可以考查的地理学科知识点也非常多：有初中学业水平考试的重点知识，如温带季风气候的特点、地球的公转、可持续发展等知识；也有高中地理的碳中和，中国北京冬奥会给经济、社会发展等带来的影响等。以热点知识碳中和为例：（1）低碳场馆：充分利用了2008年奥运会的场馆，低碳工程打造冬奥场馆，减少拆改带来的建材浪费、能源消耗。（2）低碳能源：首次使用二氧化碳制冷剂，大幅度降低制冷系统消耗，制冷过程中产生的大量高品质余热还可以回收再利用，进一步降低能耗，这也是冬奥会历史上首次使用最清洁、最低碳的制冰技术。（3）低碳交通：低碳交通同样是北京冬奥会实现碳中和的重要措施之一，本届冬奥会赛事期间交通服务车基本为清洁能源，占比为历届冬奥会之最。冬奥会期间使用大批新能源电动车及部分氢燃料车辆，鼓励群众优先选择铁路出行，赛事服务客运车辆基本使用新能源汽车。（4）生态工程：北京市与张家口市政府做好百万亩平原造林和京冀生态水源保护林建设工程，用以中和冬奥会期间碳排放量。

学会整理资料和记录个人成长档案

工作以后，随着时间的推移，作为一名教师，手头上关于教育教学的资料会越来越多。比如，每一节课的教案、课件，每一个学期期末考试卷等；若同时兼任班主任老师，可能还有很多班级事务管理的资料，包括班主任工作的计划与总结、每一次主题班会的教案及课件、班级学生个别教育的档案……尽管电脑上有文件搜索的功能，但是，这么多的内容，每一次都要去搜索也会浪费时间。所以，我们要做一个有条理的人，学会整理资料，学会对教育教学资源分门别类地整理。

接下来我就从一名地理任课教师的角度对工作中如何整理教学资料做一些介绍。如今在工作中，我们的教学资料基本上都是电子版的，所以，我一般采用文件夹套叠的方式整理电子资料。通常一个学期一个文件夹，然后在每一个学期的文件夹里再分几个不同名称的文件夹，把有关材料进行分类整理。比方说，预备年级第一学期地理教学的文件夹，里面有几个子文件夹，如“地理课件”“地理试卷”“地理教案”“地理视频及图片”等。每一个学期结束的时候，利用期末考试结束以后学生不来学校上课的那几天，把整个学期的文件夹进行进一步整理，删除重复、质量一般、利用价值不高、今后再次使用的可能性不大的资料。每一个学期结束时都重复这样的步骤。时间久了，打开自己的电脑，里面与学科教学有关的内容清清爽爽、一目了然。工作中需要查找相应资料的时候，省时省力，可以很好地提高工作效率。

现在上海初中地理有学业水平考试，还有初三地理、生物的跨学科考试；上海高中地理有合格考、等级考等类型的考试。这些大型的考试，往往会有许多的模拟考试卷和全真考试卷，且随着时间的推移会越来越多。使用的时候，若想找一份合适的练习卷、模拟考试卷，则要翻来翻去，费时费力。个人建议，建立以考试类型命名的文件夹，里面再分模拟卷、全真卷两个子文件夹，保留近五年的试卷就可以了。因为考试的知识点变化不大，每年的试卷，特别是全真卷对知识点的覆盖率是比较高的。再加上每年复习时间有限，复习内容并非多多益善。况且，地理考试时，为了考查学生解决问题的能力，经常会设计与生活实际密切联系的地理时政试题。如果试卷内容与生活实际不相符，模拟练习也就失去了一定的意义。有时候试卷内容选得不合时宜，也会闹笑话，前两年在一位见习教师的初中地理学业水平测试模拟试卷的讲评课上就碰到过。她选择的题目里有一道题是2013年上海市初中学业水平考试地理试题的第三题："三、我国能源发展'十二五'规划纲要提出，到2015年将建成五大综合能源生产基地。"在讲评的过程中，班级里一位比较调皮的男生说："老师，2015年早过去啦，还'将'呢？"

我建议青年教师在工作中，除了学会整理教育教学资料，做到条理分明地保存资料以外，还要养成建立自己个人成长档案的习惯。之所以有这样的建议，是因为我的前车之鉴。我记得工作几年以后，参评中学一级教师职称时，要填写有关职称评审的表格，而表格中有关于教学工作量、任教班级的内容，需要填写近十个学期的工作量、任教的班级、担任的职务、指导学生竞赛获得过的奖励、获奖的学生……面对这么多需要填写的资料，我一下子就懵了。虽然年纪不大，但是三四年前的信息我绞尽脑汁也回忆不起来。最后我只好去学校教导处，麻烦教导处的同事帮忙找出那几年学校的课程表总表，这才完成了表格的填写。经历过这一次职称评审表格的填写，我切切实实长了记性：今后工作中一定要条理清楚，建立自己的工作成长档案。此后工作的每一年，我都会在自己的办公桌抽屉里放一本厚厚的硬面抄，在上面记录每一个学期自己的工作量、任教的班级、担任的职务、发表论文的信息、比赛获奖的情况，以及公开课的级别、课题、时间、班级等信息。这样记录以后，无论碰到什么需要填写有关个人发展的内容，就都泰然自若了。值得一提的是，那个时候条件有限，每一个办公室只有一台电脑，大家共用。电脑的存储能力不强，当时电子文档是储存在磁盘里的，磁盘会有读不出的时候。所以，保险起见，我只能把个人成长档案存在硬面抄上。现在教师办公条件好了，任课教师人手一台电脑，可以把个人成长档案以电子稿形式储存在电脑上了。

最后还要提醒的是，无论是教育教学资料，还是个人成长的电子档案，每一个学期或者学年结束的时候，大家最好另外在移动硬盘上做个备份，防止电脑硬盘损坏导致有关数据意外丢失。

我工作生活的良师益友——《论语》

从一名稚气未脱的中学职初地理教师，摸爬滚打20多年，成长为一名具有一定经验的中学地理高级教师，这一路走来，体现孔子教育思想的《论语》这本书一直在陪伴着我。

自古以来就有“半部《论语》治天下”的说法，现今看来，虽有言过其实之嫌，但是其中的一些关于教育和个人发展的思想理念，在今天仍然有着非常重要的借鉴意义。在我20多年的教育生涯中，《论语》的的确确是我工作生活的良师益友，引领着我、教育着我，深刻影响着我的工作和生活。

一、个人发展方面

1.“温故而知新”，使我养成了上课前阅读旧教案的好习惯

子曰：“温故而知新，可以为师矣。”意思是温习旧知识，从中可以得到新的理解与体会，凭借这一点就可以成为老师了。“温故而知新”是孔子对我国教育学的重大理论贡献之一。他认为，不断温习所学过的知识，从中可以获得新知识。这一学习方法不仅在封建

时代有其价值，在今天也有不可否认的实用性。人们的新知识、新学问往往都是在复习过去所学知识的基础上发展而来的。因此，“温故而知新”的确是一种切实可行的学习方法。

受这句话启发，自从参加工作以来，我养成了一个习惯：每一次上新课之前，我都会把上一轮上课的教案翻看一下，把温习旧教案作为自己工作的一部分。事实上，在“温故”的过程中，的确经常会有“知新”的喜悦。有一年，在上“世界的人口”这一节课前，翻阅以前的教案，忽然发现以往的教案中，几个知识点之间是相对割裂的。旧教案中说，近几十年来，发展中国家人口增长率普遍比较高，而发达国家人口增长率普遍比较低，一些国家甚至出现了负增长的现象。现在，世界人口增长依然很快。世界人口每增加10亿的时间，从19世纪上半叶的近一百年，到现在仅需要十多年。当时我忽然意识到：这一个知识点的教学，可以通过复习前面“国家概述”的内容，来促进新知识的学习。在“国家概述”这一节课中，我们学习过：目前世界上有220多个国家和地区，发达国家只占六分之一左右，世界上绝大多数国家都是发展中国家。这样一来，世界人口快速增长的原因就显而易见了。以这样的思路去改进课堂教学内容，老师和学生都有了温故知新的感受。师生们既复习了旧知识，也理解了新知识。对知识前后联系的学习，还可以促进学生对知识的全面、系统地认知。

2.“三人行，必有我师焉”使我“见贤思齐”，快速成长

子曰：“三人行，必有我师焉。择其善者而从之，其不善者而改之。”众所周知，作为一名教师，同行非常多，在自己单位，有同一个备课组的，也有同一个教研组的。孔子的这句话提醒我：对同行，一定要做到“三人行，必有我师焉。择其善者而从之，其不善者而改之”。工作20多年来，我始终以此为同事间交往的信条。对同一个年级组的不

同专业的教师，我向他们学习做班主任的经验，学习做学问的方法，在教学工作中更是如此。20多年的教育生涯中的区、市两级的地理学科公开教学课，我几乎从未缺席。我学习同行教学中比我强的地方，想办法改进同行教学中有问题的地方。例如，十几年前，我听过一节“世界的海洋”的公开教学课。这位教师的PPT课件做得非常好，声音、画面、交互性等都不错，给了我不少的启发和触动。我认真研习，用了不到半年的时间，学会了制作精良的PPT课件。在当年的全国教师多媒体教学课件比赛中，我的《城市商业区位条件》课件得了大奖。但是，这一节课里，这位教师的新课引入不太成功。她一开始上课，就问学生：“生活中当你心情不好的时候，最想干的事是什么？”学生的话匣子一下子就被打开了：“去超市买东西吃”“洗澡的时候大声歌唱”“打沙袋”……不知不觉，快十分钟过去了。学生没有按照老师预先设计的思路去回答问题，老师很是着急。于是，老师按捺不住了，她急忙问道：“难道你们没有想到大海？没有想到去大海边喊几声？”包括我在内的听课的老师都感到很惊讶。尽管上海处于东海之滨，但不是所有的上海人都生活在海边啊！这位教师失败的课堂引入，让我印象深刻。我懂得了以后上课，课堂引入要深思，同时一定要有时间观念。在听了许多节公开课以后，我掌握了一些教学技能，也巧妙地避开了一些教学中常见的误区。例如通过听公开课，我知道了新疆的“疆”字仿佛专为说明新疆之“疆”而设计的。左边一半，描绘了新疆位于祖国边陲，需要用弓箭保卫国土；右边一半，三条横线分别代表了新疆北面的阿尔泰山、横亘在新疆中部的天山、南部的昆仑山，两个田字分别代表着新疆的准噶尔盆地和塔里木盆地：综合在一起，描绘了新疆“三山夹两盆”的地理大势。“三人行，必有我师焉”，“见贤思齐”，使我快速成长。

3. “学而不思则罔，思而不学则殆”，让我学会不断思考

子曰：“学而不思则罔，思而不学则殆。”意思是学习而不思考，会被知识的表象所蒙蔽；思考而不学习，则会因为疑惑而更加危险。这句话，我们可以看作孔子所提倡的一种学习方法。如果一个人一味地读书，而不思考，只能被书本知识牵着鼻子走，久而久之就会被书本知识所累，从而受到书本表象的迷惑而对一些问题不求甚解。所谓尽信书则不如无书。若只是一味地埋头苦思，而不对书本知识进行学习、研究推敲，也只能是流于空想，那是很危险的。只有把学习和思考结合起来，才能学到有用的真知。西方的哲人康德说：“感性无知性则盲，知性无感性则空。”这与孔子的“学而不思则罔，思而不学则殆”可以说是惊人的一致。可见人类在知识的学习和获取上，不论地域、种族有何差异，其根本性的原则往往是一致的，都强调学习与思考相结合的重要性。思考是思维的一种探索活动，思考力则是在思维过程中产生的一种具有积极性和创造性的作用力。古今中外，凡成大事者都是会思考的人。他们善于发现问题、解决问题。因此，要想成为一名真正的好老师，一定要学会学习，善于思考。事实上，善于学习，勤于思考，的确是我业务快速成长进步的基石。

二、教学工作方面

1. “知之者，不如好之者，好之者不如乐之者”，让我知道提高学生学习兴趣的重要性

子曰：“知之者，不如好之者，好之者不如乐之者。”孔子视学习为一种乐趣。伟大的科学家爱因斯坦说：“兴趣是最好的老师。”英国哲学家赫伯特·斯宾塞也说：痛苦的功课使人感到知识讨厌，而愉快的功课会使知识吸引人。那些在恐吓和惩罚中得到知识的人们，日后

很可能不继续钻研；而那些以愉快方式获得知识的人们，不只是因为知识本身是有趣的，许多成功的体验促使他们进行自我教育。部分学生因为各种不同的原因似乎丧失了学习知识的乐趣，从而缺乏学习的主动性。依据孔子的这句话，我在教学过程中，首先想到的是要激发学生地理学习的兴趣。为此，我把课堂上需要讲的知识，密切联系学生的生活实践，使学生的课堂思维与我的课堂知识产生共鸣，提高学生对地理课的兴趣。例如，初中地理教材中有关平面图的知识内容比较单一、枯燥，学生没有学习的兴趣，上课效果一直不够理想。在“知之者，不如好之者，好之者不如乐之者”思想的启发下，上这一节课的时候，我引导学生从我们长征中学的平面图开始学习。当学生在地图上看到学校的主要地理事物和学校周围的河流、道路、居民区的名称时，感到非常新奇，尤其是学生读图时发现学校旁边的那条河叫“西虬江”的时候，异常兴奋。在此之前，在家乡生活了十几年的他们，都不知道这条河流的名称。十分熟悉的地理事物立刻引起了他们浓厚的学习兴趣。然后，我又趁热打铁，把镇、区、市，以及中华人民共和国的地图一一展示出来，并趁机讲授平面图相关的知识——比例尺、方向、图例和注记等。那一节课，学生上课非常投入，课堂学习积极性很高，师生间的互动也很顺畅，教学效果很不错。

再举一个有关温带海洋性气候特点教学的例子。因为温带海洋性气候特点的知识属于自然地理知识，教材内容就是一幅气候类型图和有关该气候类型特点的简介文字，不太容易引起学生的兴趣。所以在教学过程中，我密切联系他们对大侦探福尔摩斯印象深刻的生活实际，从福尔摩斯寸步不离的风衣、雨伞入手，问学生为什么福尔摩斯一年到头都离不开风衣、雨伞？让学生猜一猜他所生活的地区的气候特点是什么样的？“天气不太热也不太冷，总是下雨。”学生犹犹豫豫地说出了答案。之后，我再让学生看地理教材，找出该地区气候类型的名称是温带海洋性气候。通过阅读地理教材中温带海洋性气候类型图，学生发现：温带海洋性气候七月份气温最高为18℃，一月份气温最低为4℃，全年各月的降水量接近，都在50毫米左右。由此得出温带海洋性气候的特点：冬季温和、夏季凉爽，全年降水均匀。这样的上课方法，很容易激发学生的兴趣，有利于学生比较快地掌握地理知识。很明显，学生学习地理的热情被调动起来了，我的地理课上得也越来越得心应手了。

2．“诲人不倦”，让我耐心地对待每一位学生

子曰：“默而识之，学而不厌，诲人不倦，何有于我哉？”意思是默默地记住（所学的知识），学习不觉得满足，教人不知道疲倦，对我来说，还有什么遗憾呢？“学而不厌，诲人不倦”，反映了孔子关于教育的另一个理念。这一理念对中国教育思想的形成与发展也产生了很大的影响。在当前的教育背景下，我们的确更加需要“诲人不倦”的态度。一方面，我们现在面对的绝大多数是独生子女。独生子女成长的环境是一个独特的环境，他们从小几乎是家庭的核心。这种受到过分照顾和保护的家庭生存环境导致他们往往把自己想象成生活的绝对中心。这个群体的孩子，普遍缺乏独立性，过分依赖家长，不能适应集体生活，与别人相处困难，内心深处有着莫名的孤独感。面对这样的群体，我们需要“诲人不倦”的理念支撑。另一方面，我们现在实行九年义务教育，没有留级生。每个人的接受能力、学习能力是有差别的，这是无法否认的事实。教师给予学习成绩不好的学生更多的耐心、爱心是非常必要的。因此，在今天，我们仍然需要学习和践行“诲人不倦”的教育理念。

3．“四教：文、行、忠、信”，使我在地理课堂上不仅仅传授知识，更注重培养学生的地理思维

“子以四教：文、行、忠、信。”意思是孔子教学有四项内容：

知识、品行、忠诚、信义。“文”，包括知识、文章。“行”，不仅指普通的品行，而且指一生事业的成果要求。学生根据自身实际确立奋斗目标，并立即付诸行动，做到坚持不懈，善始善终。“忠”，不是忠于某一个人，而是指对国家、社会、父母、朋友等，答应了的话，就要兑现，有矢志不渝的诚心；对一事一物无不尽心者谓之“忠”。“信”，就是有信义，诚信。孔子的“四教”表明，中国传统教育的宗旨已经开始注意着眼于人的全面进步，强调要学习文化知识，更要注重德行修养。这与韩愈《师说》中“古之学者必有师。师者，所以传道受业解惑也”在教书育人方面有异曲同工之处，都表明了教书与育人是不可割裂的。所以在教学工作中，我认识到不能仅仅把传授地理知识作为自己的目标，还要在讲授地理课本知识的同时，对学生进行更多的教育。在日常生活方面，地理教学可为学生旅游、购物、选择位置、利用空间、适应环境等方面提供必要的知识支持。地理学科中所阐述的有关工业、农业、交通运输、贸易等的分布，以及布局原理、地域差异、因地制宜等知识，是每一个劳动者应当具备的基本常识。在学生的认知发展上，地理教育能够使学生形成从地方、区域乃至全球视野看待世界各种事物和现象的意识，可以使学生形成一种特殊的思维品格、思辨能力和创造素质。在学生思想道德素质的培养上，地理教学可以对学生进行爱祖国、爱家乡的情感培养，使学生形成国家意识、道德意识、法律意识等等。地理教学还可以对学生进行“只有一个地球”“尊重自然”“环境道德”“资源道德”等思想的教育，使学生具备科学的人地观、环境观、资源观、可持续发展观，以及全球意识和国际意识。

歌德普说过：“读一本好书，如同与一位高尚的人谈话。”打开《论语》，我仿佛见到一位面容慈祥、目光深邃的长者在教导他的弟子：与朋友交，言而有信；三军可夺帅也，匹夫不可夺志也；三思而后行；食不言，寝不语；君子坦荡荡，小人长戚戚；君子有九思，视思明，听思聪，色思温，貌思恭，言思忠，事思敬，疑思问，忿思难，见得思义……谆谆教诲，穿越了历史。《论语》虽历经沧桑，却光辉依旧！

（原文发表于《现代教学》2018年1AB期，收入本书时有改动。）

教研与实践篇

备课时如何确定重点、难点

一般说来，地理学科的教学重点通常是地理教材中最基本、最核心的概念性知识、原理性知识和规律性知识，具有理论性和概括性强的特点，是学生学习其他地理知识的基础，如义务教育阶段初中地理部分的经纬网、等温线、年等降水量线等知识。地理教学中的难点是学生学习过程中可能存在学习困难的知识点，一般指那些比较抽象、与学生现实生活联系不密切的知识，或者过程比较复杂、学生难以理解和掌握的知识、技能与方法。地理教学中，大部分章节的重点和难点是比较一致的。但也有部分章节中，教学重点学生掌握起来没有难度，并不是难点。所以，有的章节可能只有重点而没有难点。或者还有这样的情况，教学过程中涉及的某一个知识点，与本节课的重点无关，但是学生不容易理解。这样的知识点也可能视为一节课的难点。值得说明的是，地理学科教学中的难点，其实是相对的。难点是依据学生现在的认知水平，还不能够很轻松地掌握的知识，是需要教师上课的时候，通过创设一定的课堂教学情境，激发学生思考、学习，才可以掌握的知识点，但随着学生年龄、知识的增长，难点可能也就不再是难点了。例如，在气候类型的特点的学习中，气温年变化曲线图和各月降水量柱状图的判读，对六年级学生来说是学习难点，对七年级学生就不再是难点了。

在近几年地理见习教师培训的带教过程中，我经常看到这样的现象：有的见习教师在拿到教材备课的时候，很难确定一节课的重点、难点是什么。他们一般都会想办法，试图上网搜索有关教案做参考，然而搜索后他们发现，网上的教案里，同一节课的重点、难点似乎又不尽相同，这让他们很疑惑。这其实不难理解：尽管我国各地不同版本的地理教材都是参照《课标》编写的，但是，地理教师备课确定重点、难点的时候，不仅关注地理教材，还要关注教师自己所教学生的学习基础与认知水平，而我国各地的中学生学习基础与认知水平是参差不齐的。

那么，一位刚刚踏入教学岗位的地理教师，在开始备课的时候，该如何确定一节课的重点、难点呢？

一、解读《课标》

其实，确定一节课的重点、难点并不难。众所周知，地理教材的编写是以《课标》为依据的。工作以来，我一直把《课标》当作一本工具书，养成在备课时首先解读《课标》的习惯，准确解读《课标》中本节课的有关学习要求的内容、知识点和要求掌握的程度。因此，在备课时我们可以首先分析《课标》对即将要上的这节课、这一章的教学要求，然后根据《课标》要求，结合教材内容，确定本课要让学生掌握的重点，并在此基础上，结合学生的学习基础和能力，确定本节课的难点。

例如：沪教版地理七年级第一学期“疆域与行政区划”这一节课，在《课标》中是这样表述课程内容标准的：

- 运用地图说出我国的地理位置及其特点。

• 记住我国的领土面积，在地图上指出我国的邻国和濒临的海洋，认识我国既是陆地大国，也是海洋大国。

• 在我国政区图上准确找出34个省级行政区域单位，记住它们的简称和行政中心。

很显然，上述内容就是这节课教学的基本内容。然后，我们可以根据《课标》的要求，进一步确定教学的重点内容：我国陆地总面积约960万平方千米，我国34个省级行政区域单位的名称、简称等。在此基础上，我国具有辽阔的国土，我国领土的四至点，我国领土东西、南北跨度大，以及由此而形成的东西时差四个多小时、南北气候（尤其是气温）的差异等地理知识，需要结合沪教版地理六年级第一学期教材中的经纬度内容，需要清楚地球自转的地理意义——地球自转产生昼夜交替、时间差异。因此，我国辽阔的国土是学生学习的难点。同时，我国地理位置的优越性一方面需要学生从海陆位置、纬度位置对降水和气温两大气候要素的影响入手，通过气候对工农业生产和人们的生活等带来的多方面的好处来体现；另一方面，需要通过对比内陆国、沿海国、岛国等不同类型国家交通运输便利性的差异来体现。所以，我国优越的地理位置这一知识点，需要教师设置一定的教学情境，学生才可以更好地理解掌握，这也是本节课的难点之一。

二、分析教材文本内容

教师可以从教材的文本内容中，分析出一节课的重点、难点。以沪教版地理六年级第一学期“南美‘巨人’——巴西”这一节课为例：巴西被称作南美“巨人”是因为巴西是南美洲面积最大、人口最多、经济最发达的国家。所以，这是本节课的重点。然后，我们不难发现教材的文本内容中，有以下几个小标题："人种大熔炉""'咖啡王国'的变化""'地球之肺'的忧患""首都的变迁"。结合课文主题，"'咖啡王国'的变化"强调了经济发展的过程，可以看作本节课的重点内容。

但是，巴西是"人种大熔炉"这部分知识，基于六年级学生目前对于人种、婚育等知识的认知水平，在课堂上很难讲清楚，学生还难以掌握。这部分知识，教师的教学设计基本上都是通过指导学生阅读"巴西人种的构成图"，读出混血种人在巴西总人口所占的比例高，说明巴西是一个"人种大熔炉"。但是，这样照本宣科地讲授，学生对此只能是知其然而不知其所以然。因此，巴西是"人种大熔炉"这部分知识，可以看作本节课的一个难点。

另外，"'地球之肺'的忧患"需要从全球大环境的角度，来认识世界最大的热带雨林——亚马孙热带雨林的重要环境意义。六年级的学生，没有学习过绿色植物光合作用过程中吸收二氧化碳、放出氧气的知识，也不知道巴西的亚马孙热带雨林占了世界雨林面积的一半，占全球森林面积的20%，是世界上面积最大及物种最多的热带雨林，有"地球之肺"和"绿色心脏"的美誉。因此，"'地球之肺'的忧患"也是这节课的一个难点。

三、分析地理学业水平考试试卷

教师可以通过分析地理学业水平考试试卷，感悟地理教学的重点、难点。以初中地理为例，初中地理学业水平考试是初中阶段地理学科规模最大、最重要的一次考试。初中地理学业水平考试以《课标》中的课程目标和课程内容为依据，体现地理课程基本理念，全面评价学生在知识与技能、过程与方法、情感态度与价值观等方面的发展与变化，努力实现地理学科的课程目标和教育功能。所以历年初中地理学业水平考试的试卷，是对初中地理教学的重点、难点覆盖度最高的试卷。分析地理学业水平考试试卷，对我们日常地理教学中确定教学的重点、难点具有一定的指导意义。

为了让我所带教的年轻见习地理教师快速而准确地把握初中阶段地理学科教学的重点、难点，提高他们的课堂教学效率，根据我多年带教培训经验，我一般都会建议他们在刚刚踏上教学岗位的时候，把近三至五年的地理学业水平考试试卷认认真真地做一遍，并且分析试卷中知识点的分布。近几年的地理学业水平考试试卷中反复出现的内容或者知识点就是地理教材中某些章节的重点、难点。例如，地理学业水平考试试卷中经常出现的内容有：日本的工业高度集中在太平洋沿岸和濑户内海沿岸，地中海气候、亚热带季风气候等气候类型的特点，直布罗陀海峡、马六甲海峡连接的海或者洋，等等。

以此类推，高中地理教师可以通过研析近几年的地理高考卷，来确定自己教学的重点、难点。

此外，地理教材中，除了有文本内容，还有相应的地图、表格资料，往往也都是教学的重点、难点。这一点，在高中地理教材中表现尤为明显。例如，地面辐射与大气辐射以及气压带、风带的季节移动等知识点。

地理课堂教学PPT课件的使用

地理课堂教学PPT课件，是指地理教师课前备课时，把与课堂教学有关的文字、图片、音频、视频等素材有机结合，制作成辅助课堂教学、促进学生地理学习的多媒体幻灯片课堂教学资源。

一、PPT课件在地理课堂教学中的主要优势

1.有利于突出重点、突破难点，提高课堂教学效率

由于地理教学中有许多比较抽象的重点、难点知识，如太阳直射点的移动、昼夜长短的变化、正午太阳高度的变化、台风的移动及危害、地震发生的原因及危害等，还有一些地理现象具有空间性、季节性、运动性、复杂性等特点，地理教师很难单纯用语言讲授给学生。类似这样的内容，在地理课堂教学没有使用PPT课件等现代化教学手段以前，大多是“纸上谈兵”，效果并不理想。

实验心理学家赤瑞特拉通过大量实验证实：人类获取的信息83%来自视觉，11%来自听觉，这两个加起来就有94%。而PPT课件可以插入与教学内容有关的动态视频，把这些抽象、复杂的地理

知识现象生动地展示给学生。课堂教学中，使用PPT课件可以使学生课堂学习的过程既有视觉感受又有听觉感受，学生获取的地理信息量有明显提升，有助于提高学生对那些抽象地理知识的感性认知。因此，使用PPT课件的课堂教学开阔了学生的地理知识视野，激发了学生地理课的学习兴趣，也增加了地理课堂教学容量，从而突出了地理课堂教学重点，突破了教学难点，提高了课堂教学效率。

2.有利于培养学生读图、用图的能力

地图是地理学的第二语言。我们日常地理课堂教学的过程中，大多数时间都是在阅读地理图表。《课标》对地理图表的阅读要求是非常明确的。

以区域地理章节中“位置与分布”的课程内容标准为例：

- 运用地图简要评价某区域的地理位置。
- 在地形图上识别某区域的主要地形类型，并描述区域的地形特征。
- 运用地图与气候统计图表归纳某区域的气候特征。
- 运用地图和其他资料说出某区域的产业结构与产业布局特点。
- 运用地图和其他资料归纳某区域人口、城市的分布特点。

地图是地理教学中最重要的一种直观教具。在课堂教学中，PPT课件可以很方便地把地图放大、缩小，也可以把几张地理图表同时在一页PPT上呈现出来。例如，讲到沪教版地理七年级第二学期“沪宁杭地区”一节课时，我们可以利用一页PPT同时演示我国的干湿地区划分图、温度带划分图、地势三级阶梯分布图、主要粮食作物分布图……对比阅读多张地图，学生可以很容易读出沪宁杭地区优越的地理环境：沪宁杭地区位于我国地势的第三级阶梯，地形以平原为主，属于湿润的亚热带季风气候……这样，多幅地图同时呈现，可以促使学生积极思考，培养学生发现问题、提出问题的能力，以及对地理学科的探究意识。

二、PPT课件在地理课堂教学中的局限性

辩证唯物主义告诉我们，任何事物都具有两面性。尽管PPT课件的使用给地理课堂教学带来了不少好处，但是，也有其明显的局限性。我们知道，教师是在备课的时候，提前把与本节课教学内容有关的文字、图像、视频等内容放置在课件里，然后在课堂教学时播放。因此，PPT课件的内容是相对固定的，教师使用PPT课件上课的时候，按照课件已有的设计顺序，依次逐张播放。然而，地理课堂教学是一种实时变化的动态过程，教师按照PPT课件顺序讲课，很难根据课堂的实际情况做出相应的调整。即使有个别时候，不得已在课堂上对PPT课件进行及时调整，也会在打乱教学节奏的同时，占用一定的上课时间。实际上，我国新课改的基本理念中强调“学生是学习的主体，教师是学生学习的组织者、促进者、指导者”，明确要求中小学教师要充分发挥学生在课堂教学中的主体作用。既然学生是课堂教学的主体，教师在课堂教学中就必须要尽可能地随时根据学生的反馈积极做出相应的调整。

此外，由于上海初中阶段地理学科的课时设置是六、七年级每周两个课时，高中阶段地理学科的课时设置是高一年级每周三个课时。许多地理教师都会上同一个年级不同班级的地理课。事实上，即使是同一所学校同一个年级，每一个班级学生的地理学习基础、学习能力也不尽相同。教师在同一年级不同的班级使用同一个PPT课件进行教学，很难做到因材施教，这显然不尽合理。所以，PPT课件在地理课堂教学中有明显的局限性。

三、关于PPT课件使用的几个建议

1.切记不能拿来主义

通常情况下，一些年轻地理教师上一节新课前，大都比较喜欢先上网搜索相关的教学PPT课件。这样的想法本身是好的，《诗经》有言：“他山之石，可以攻玉。”但是，切记不能拿来主义。一方面，网上的PPT课件良莠不齐，质量不能保证，有的课件甚至可能会有学科知识点的错误。另一方面，教师要根据学生不同的学习基础来备课，别人的课件未必适合你所教的学生。我的建议是在网上搜索相关PPT课件的时候，重点关注其中3至5个阅读量比较大的地理课件，看看他们各自教学设计的优缺点，哪些课件里面的哪一部分内容是比较好的，哪些表达方法有利于学生掌握本节课内容的，或者里面的视频、地图特别清晰，可以用到自己的课堂教学中，等等。然后，在你自己设计该节课的PPT课件的时候，扬长避短，辩证地选择后使用。所以，PPT课件切记不能拿来主义。

2.要符合地理学科特点

作为一名老教师，我有机会听了不少青年教师的地理公开课。让我印象深刻的是，有些教师的教学PPT课件根本不符合地理学科的特点。概括起来，主要有以下两种情况：第一种，PPT课件全部都是文字，几乎没有一张地理图表；第二种，在一些区域地理教学课，尤其是六年级的国家地理教学课中，有的教师的PPT课件中有许许多多的图片，用尽心思地展示各个国家的美食、美景等，但没有相关的地理图表。我感觉这些教师不是在上地理课，而是在为某一个国家的旅游发展做推介。作为地理老师，我们都知道，“地图是地理学的第二语言”。我们上的是地理课，课堂教学PPT课件中应该有地图等地理学科特色的内容，来激发学生的地理学科思维，提升学生的地理学科素养。

3.不能忽略课堂板书

由于使用了教学PPT课件，有的地理教师在课堂教学时就丢弃了粉笔和黑板。《楚辞·卜居》说“尺有所短，寸有所长”，作为传统课堂教学象征的板书，其教学功能是PPT课件无法取代的。首先，课堂板书不像PPT课件那样机械、固定，可以随擦随写、随写随看，教师可以很方便地在教学过程中根据学生的反应，及时调整自己的教学内容及设计。其次，PPT课件播放的过程比较快，有时学生可能还没有看清楚上一页PPT课件中的内容，老师已经把课件翻到下一页了。而教师把一节课的重点通过板书落实到黑板上，学生在课堂学习中多次看黑板上的板书内容，可以巩固与强化课堂教学重点，促进对课堂教学内容的掌握。因此，使用地理PPT课件上课的同时，不能忽略课堂教学板书。

4.PPT课件是辅助地理课堂教学的工具

多次的听课中，我发现有的地理教师上课，一节课从头至尾都是通过播放PPT课件来进行地理教学。我始终认为PPT课件是辅助地理课堂教学的工具，地理教师上课时千万不能过度依赖PPT课件，而忽视教师课堂教学的主观能动性。我个人感觉，PPT课件上面的内容，无需完整地体现一节地理课课堂教学的内容，而应该呈现地理课堂教学中课堂板书不能体现，但是上课又必须使用的动态的视频、复杂的地理图表等内容。毕竟，PPT课件是用来辅助地理课堂教学的工具。

此外，地理课堂教学中使用PPT课件还应该注意：PPT课件用于地理课堂教学时，一定要符合地理学的原理、规律，要注意PPT

课件内容的科学性、准确性；PPT课件的设计千万不能太花哨，例如不能带有爆炸声等刺耳的声音，图片的颜色不要过于明亮或者暗淡等；要注意PPT课件上的文字字体的大小，以及底色和文字颜色的对比度。关于最后一点，我建议地理教师可以在课前试放一下，确认教室里最后一排的学生能看清楚PPT课件上的文字。

搬掉影响地理课堂纪律的“绊脚石”

在近几年的地理见习教师规范化培训的带教过程中，我遇到的几位职初教师都碰到了同样的困惑：地理课堂纪律不好掌控。有个别教师在刚刚踏上工作岗位，开始上课的时候，甚至对进教室上地理课产生了惧怕心理。地理课堂纪律成为一些年轻教师上课的“绊脚石”。作为教师，我们都知道：地理课堂纪律的好坏不仅关系到地理教师的课堂教学成果，更关系到学生地理课堂的学习效果。所以，我们得想尽办法把影响地理课堂纪律的这块“绊脚石”搬掉。

在和几位为课堂纪律所困扰的职初教师沟通交流的过程中发现，他们对课堂纪律问题产生的原因的解释如出一辙：一是因为地理是副科，学生不够重视；二是因为课本内容很枯燥，不太容易吸引学生。每一次听到这样的解释，我都表示不认同。《地理教育国际宪章》声明：深信地理教育为今日和未来世界培养活跃而又负责任的公民所必需。这足以说明：地理教育不仅在为国家，而且在为未来世界可持续发展培养活跃而又负责任的公民。其实在上海，学科教学并没有主科、副科的官方说法。我们地理老师首先不能够看低自己所教的学科，要知道地理课是很重要的。通过地理教学，我们可以培育学生科学的资源观、环境观、人口观和协调发展观。从另一个角度讲，地理系的学生，大学期间要多次进行野外考察等地理实践，国家培养一名地理教师比培养一名其他学科教师的成本要高出很多，我们一定要对得起国家对我们的培养。如果地理课堂纪律出了问题，首先要从我们自己身上找原因。

唯物辩证法认为：事物的变化发展是内外因共同作用的结果。内因是事物发展的根据，它是第一位的，它决定着事物发展的基本趋向；外因是事物发展的外部条件，它是第二位的，它对事物的发展起着加速或延缓的作用，外因必须通过内因而起作用。要解决课堂纪律问题，首先得找内因。为了帮助这些年轻的职初地理教师解决课堂纪律问题，帮助他们搬走影响地理课堂纪律的“绊脚石”，我坚持完整地听他们一至两个星期的地理课。通过听课，我发现这些年轻教师的课堂纪律不好的原因非常相似，概括起来看，主要有以下两个方面：一是这些职初教师上课时普遍缺乏设计感，和学生也缺乏有效的互动交流。他们的地理课堂就是在不断地播放教学PPT课件，把PPT课件上的文字或重复或不重复地读完。PPT课件播放完了，一节课就结束了。这样照“PPT课件”宣科的地理课，师生间缺乏有效的互动交流，仿佛教师在表演“独角戏”，当然不会吸引学生。如果学生对课堂教学内容不感兴趣，十多岁的孩子，旺盛的精力没有地方释放，那就只好在课堂上说说笑笑，扰乱课堂纪律了。二是这些职初教师上课的课堂容量普遍太小。四十分钟的课堂，她们差不多二十分钟就完成了。学生利用几分钟时间完成地理课堂练习册，便没有事情做了。部分学生自我管理意识弱，主动学习的能力不强，课堂上没有了具体的书面作业，他们就会无所事事，很容易在课堂上交头接耳。当然，课堂纪律不好也有可能是因为有部分学生看到地理教师是刚刚毕业的年轻教师，有“欺生”的情况。总之，课堂纪律成了部分年轻教师地理课堂教学的“绊脚石”。

针对上述问题，我“对症下药”，给年轻的职初地理教师提出了相应的建议，希望能帮助他们搬掉影响地理课堂纪律的“绊脚石”。具体的建议如下：

一、自然地理知识与人文地理知识有机结合，提高地理课堂的趣味性

通过听课，我发现以自然地理知识为主的地理课堂比以人文地理知识为主的地理课堂，出现纪律问题的概率更加高一些。以自然地理知识为主的课堂，相对比较枯燥，学习内容不太容易引起学生的兴趣。针对这一问题，我提出了在地理教学过程中，要尽可能地提高课堂教学知识的趣味性的建议。根据多年的教学经验，我发现将自然地理知识与人文地理知识有机地结合在一起，可以适当地提高地理课堂教学内容的趣味性。比如沪教版地理六年级第一学期“地图上的经纬网”这一节课的内容，经纬线的知识对学生来讲就是难点：经度的度数是任意一条经线与地轴形成的半个圆面和本初子午线与地轴形成的半个圆面的夹角的度数，纬度的度数是某一纬线上的任意一个点与地心的连线与赤道平面的夹角的度数。六年级的学生，还没有学习过立体几何，根本听不懂这些知识。学习困难再加上没有趣味性，学生课堂学习的热情很低。如果我们适当引入一些相关的人文地理内容，就能吸引学生的注意力，课堂纪律也就会好一些了。例如，在练习读纬度的时候，请学生读一读朝鲜、韩国的军事分界线的纬度并向学生介绍“三八线”的由来。这些人文地理方面的知识，更容易吸引学生，地理课堂纪律可能会改善。

根据我的建议，职初地理教师们认真实践，他们都体会到：在地理教学中，将自然地理知识与人文地理知识有机结合，提高地理课堂教学的趣味性，的确是一个改善地理课堂纪律问题的好方法。在实践中，教师们也都有了一些较成功的教学案例。例如：在沪教

版地理六年级第二学期“多变的天气”这一节课中，讲到温带海洋性气候这一知识点时，联想到大侦探福尔摩斯一年到头风衣、雨伞的打扮，说明该气候终年温暖湿润的特点；在沪教版地理六年级第二学期“地球的自转”这一节课中，讲到“时区和区时”的时候，插入了麦哲伦团队环球航行过程中，产生了一天的时间误差的故事……

当然，提高地理课堂趣味性的方法还有很多，如寻找与教学内容有关的视频资料，在课堂教学中播放。例如，灾害性天气中关于台风的知识，相关视频的播放比教师的语言讲述要更加直观，有感染力，会更容易引发学生的地理学习兴趣。课堂教学偶尔采用分组辩论、地理知识小竞赛等活动形式，也可以激发学生学习地理的兴趣，避免出现课堂纪律问题。

二、加强教学设计，提高课堂容量，让学生“忙起来”

俗话说，“闲来生事”。十多岁的孩子，如果课堂上空余时间多了，他们旺盛的精力无处释放，便有了扰乱课堂纪律的可能。因此，为了解决这一问题，我建议见习教师们在备课上下功夫。首先，提高课堂知识容量。上新课之前可以讲评上一节课练习册中比较集中的问题，也可以复习提问上一节课的重点知识。其次，上课过程中，不要只以单一的讲授法上课，尽可能多地使用讲授法以外的教学方法，多设计一些学生可以参与的活动，让学生忙起来，没有时间“捣乱”。例如，可以让学生朗读、圈画课本中重点的段落和语句，可以让学生以讨论的形式学习教学的重点、难点内容，留下十分钟左右的时间让学生做练习。因为学生做得快慢不一，在此期间，可以布置下一节地理课的预习任务。总之，通过精心设计，提高课堂容量，让学生“忙起来”，课堂纪律问题也会减少。

三、维持良好课堂纪律的经验与感悟

我从开始工作到现在，近三十年了，上初高中的地理课，我几乎没有受过课堂纪律问题的困扰。工作中，我听到最多的是一些班级纪律有问题的班主任对我说的这样一句话："张老师，下一节课是你的地理课，我很放心的。"生活中，也有同事会问我，平时看不到你对学生很严厉的样子，学生看到你倒是很听话。今天写这篇文章，我也仔细想了想，有可能是因为我爱学习，上地理课的时候展示出了一定的知识储备，学生因此会有一些敬畏感。

我在初中地理课上经常引用古诗词，有时引用的古诗词是学生在课堂上学习过的。当整个班级学生都想不起来某一首古诗的题目或者开头一句的时候，而我，一位工作多年的地理教师，竟然还记得，这一点他们应该是挺佩服我的。

我在高中地理课上，有几节课的教学也显示了强大的知识储备。在讲授"冷锋与暖锋"这部分知识时，讲到春季，慢行冷锋在我国江南地区形成持续时间长但强度较小的持续性降水天气，我在课堂上问学生："散文家朱自清在《春》这篇文章里，是怎样描写春雨的?"这是学生初中阶段语文学习中的一篇重点课文，需要背诵的。但是，他们不知道怎么回事，竟然都背不出来了。"雨是最寻常的，一下就是三两天。可别恼。看，像牛毛，像花针，像细丝，密密地斜织着，人家屋顶上全笼着一层薄烟。"我不紧不慢地在课堂上背了出来，而且还背了几句描写江南春雨的古诗，如"沾衣欲湿杏花雨"，"天街小雨润如酥"，"南朝四百八十寺，多少楼台烟雨中"……加深了他们对这一知识的理解。

在高中地理"地球的自转"这节课上，学习到地球上各点（除南北极点外）自转的角速度相同，线速度从赤道向两极递减这一知识点时，学生难以理解。我就以骑自行车时，车轮上的辐条为例来讲解：一根辐条，转过一定角度时，这根辐条上的每一点转过的角度是一样的，时间也是相同的。所以，一根辐条上的每一个点角速度相同。但是，同样的时间，一根辐条上每一个点走过的路程不同，离轮胎越近的点，走过的路程越多。所以，同样一根辐条上不同的点的线速度不同。这和地球自转角速度相同、线速度不同不是一个道理吗？同时，我给出了v（线速度）= ω（角速度）·r（半径）的公式。学生更觉得我了不起，物理公式也记得。

再举一个关于喀斯特地貌学习的例子。喀斯特地貌，是地下水与地表水对可溶性岩石溶蚀与沉淀，侵蚀与沉积，以及重力崩塌、坍塌、堆积等作用形成的地貌，以斯洛文尼亚的喀斯特高原命名，中国称之为岩溶地貌，为中国五大造型地貌之一。1884年，美国学者戴维斯提出喀斯特地区地理循环理论，指出喀斯特作用的化学机制为：当水中含二氧化碳时，水对石灰岩的溶解能力很强，二氧化碳与水化合形成碳酸，后者电解析出氢离子，与石灰岩中的碳酸根离子作用形成离子状态的溶解物质钙离子和碳酸氢根离子，并随水流失。其反应式如下：

$CO_2 + H_2O \rightleftharpoons H_2CO_3 \rightleftharpoons H^+ + HCO_3^-$

$H_2CO_3 + CaCO_3 \rightleftharpoons Ca^{2+} + 2HCO_3^-$

上述反应是可逆的，当水与空气中二氧化碳减少，碳酸含量也会减少，碳酸钙将发生沉淀。湿热气候条件下土壤二氧化碳含量比空气中高数十倍，且反应速度很快，因而岩溶作用强。当我在黑板上写下上述可逆反应的化学过程时，学生也有所震动，说张老师化学也会。

归纳起来，可能我学习能力强，在课堂教学中展现的知识面比较广，学生因此对我比较佩服，进而产生敬畏感。工作以来，我始终牢记母校华东师范大学的校训“求实创造，为人师表”。其实，对于青年教师来说，每一所学校都会有一定数量的老教师，他们教学经验普遍比较丰富，如果课堂纪律、班级管理碰到困难，不妨去请教一下，也许你的问题就可以迎刃而解了。

需要提醒的是，地理课堂出现纪律问题，教师尽量不要采取消极的应对方式，例如：教师上课就盯着学生，不上课；或者罚抄本节课地理教材内容……这样的做法，很容易让学生对任课教师产生抵触情绪，长远看，不仅对解决地理课堂纪律问题没有用处，还会疏远地理教师和学生的情感。

需要强调的是，课堂纪律不好，任课教师心里肯定不舒服。但是，无论怎么生气，教师都得学会控制好自己的情绪，不可以对扰乱课堂纪律的学生说一些伤他们自尊心的话，更加不可以体罚学生。中华人民共和国教育部2008年9月1日发布的《中小学教师职业道德规范》中明确表示中小学教师要："关心爱护全体学生，尊重学生人格，平等公正对待学生。对学生严慈相济，做学生良师益友。保护学生安全，关心学生健康，维护学生权益。不讽刺、挖苦、歧视学生，不体罚或变相体罚学生。"

谈地理课堂板书

地理课堂板书是地理教师课前备课的过程中，通过深入钻研教材，根据教学目的，认真构思，精心设计，运用文字、符号、图表等形式体现的课堂教学要点或课堂讲授提纲，是地理课堂教学时在黑板上呈现出来的一种教学手段。通常情况下，地理课堂板书是地理教师对一节课课堂教学内容简明扼要的高度概括。地理课堂板书可以将抽象的知识形象化，烦琐的知识条理化，对课堂教学内容起到提纲挈领、突出要点、加深印象的作用。课堂教学过程中，学生的注意力会随着板书的呈现和不断更新而变化。所以，地理课堂板书能吸引学生对课堂教学内容的注意力，强化学生对地理课堂重点知识的认知，进而促进学生的地理课堂学习。可以说，地理课堂板书是地理教师课堂教学中经常使用的一种重要的教学手段。

但是，随着科学技术的不断发展，许多现代化的教学手段已经走进地理课堂，尤其是地理课堂教学PPT课件的广泛使用，许多老师备课的时候习惯把原来需要课堂板书的内容落实到PPT课件中，地理课堂板书似乎越来越不受部分年轻教师的重视了。目前的地理课堂教学中，甚至出现了课堂板书这个环节被完全跳过的情况。其实，教师上课播放PPT课件过程中，地理课堂教学内容往往一闪而过，有的学生可能还来不及看清楚PPT课件上的内容，课件已经翻到下一页了。很显然，这样就把课堂板书促进学生对课堂知识的强化过程弱化了，是不可取的。作为一名老教师，我认为地理课堂教学板书是有其必要性的。

一、地理课堂板书设计应遵循的原则

1.地理课堂板书设计要遵循准确性、科学性原则

众所周知，地理学是一门综合性很强的学科。地理学是研究地球表面地理环境中各种自然现象和人文现象，以及它们之间相互关系的学科，是一门具有科学性的学科。地理教师只有在教学中讲究科学性，才能正确阐述各种地理现象、地理事物之间的关系，准确揭示各种地理过程的规律；才能从根本上调动学生学习的主动性和积极性。因此，地理教师在设计课堂板书时一定要遵循准确性、科学性的基本原则。此外，地理课堂板书是学生学习地理课本知识的重要途径，地理教师要保证地理课堂板书中的字、词、专业术语、符号等相关信息准确无误，只有这样的板书才能为学生提供准确、科学的地理知识和信息。当然，作为地理教师，教书育人，承担着为祖国未来发展培养建设人才的重任，传递给学生的地理知识本来就应该是科学的、准确的。

2.地理课堂板书设计要遵循启发性原则

地理课堂板书对学生地理学习具有引导、启发作用。因此，教师在设计地理课堂板书时要在科学性、准确性的基础上，体现出一定的启发性。这就要求我们地理教师备课时认真研读教材，通过分析归纳教材，理出地理课堂知识的基本脉络，并精心设计出能够反

映课堂知识点之间内在联系，能启发学生思考地理事物规律，具有一定思维要求的地理课堂板书。这样的地理课堂板书，有助于激发学生的课堂思维，可以引导学生将所学知识进行分析比较、归纳总结、判断推理等，进而获取更多的地理知识和信息，使学生地理课堂学习更加全面、深入而有效。

3.地理课堂板书设计要遵循整体性原则

每一节地理课的教学内容都是相对完整的整体，这就要求地理课堂板书设计要具有整体性，而不是知识点的简单罗列。地理教师在书写板书时，应尽可能体现出各个知识点之间的联系。这样具有整体性的地理课堂教学板书，可以促使学生对一节地理课的课堂教学内容有整体性、系统性的认知。

4.地理课堂板书设计要遵循美观性原则

优秀的地理课堂板书不仅要在内容上简明扼要、重点突出，让学生对课堂教学主要内容一目了然，还要在课堂板书呈现上字迹工整清晰、美观大方，能够给学生视觉上美的感受。这样的板书设计，可以很好地吸引学生的注意力，使学生的目光不自觉地集中到黑板上，不经意间增加了学生默念地理课堂板书的次数，提高了学生从课堂板书中获得课堂教学有效信息的可能性。毫无疑问，地理课堂上，学生肯定不喜欢看书写潦草、分布杂乱的课堂板书。因此，在地理教学中，教师地理课堂板书设计要体现美观性。

二、地理课堂板书设计应注意的几个问题

从以上论述中，我们知道了地理教学中课堂板书的重要性，以及地理课堂板书应该遵循的原则。但是，要想设计出优秀的课堂板书，还要注意以下一些具体的问题：

1.教材内容是板书设计的重要依据

地理课堂板书是地理教师授课的一种常用手段。地理课堂板书的内容是地理教师对地理教材内容的高度概括。因此，地理教师在设计地理课堂板书时，一定要遵循形式为内容服务的原则，板书内容要立足于教材，围绕教学目标、教学重点和难点，抓住关键的知识点，准确科学地再现教材的主要内容。教师要通过地理课堂板书，帮助学生建构一节地理课的知识框架。教师在设计地理课堂板书时，不能为了形式上的美观而使教学内容与地理教材内容相脱节，或者遗漏地理教材中的知识要点。

2.灵活处理地理课堂板书设计意料之外的情况

地理课堂板书是教师在认真备课的基础上，根据教学需要而事先设计的。但是，有时候计划赶不上变化，在实际教学中可能会出现一些意料之外的情况，影响地理课堂教学的顺利进行。例如，职初教师容易出现的黑板板面不够写、来不及书写等问题。地理新教师要解决这些问题，一方面，可以在上课前进行必要的试写；另一方面，可以根据情况及时调整。如果出现板面不够写的情况，教师可以将原来设计的、已经高度概括的地理课堂板书再及时浓缩，或者擦去可有可无的板书内容。不过，我相信，随着地理新教师教学实践经验的不断积累，这种情况会慢慢减少。

3.灵活把握地理课堂板书书写的时机

在地理课堂教学过程中，书写地理课堂板书的时机是值得地理教师研究和思考的。大多数教学经验丰富的老教师，往往会结合课堂教学进程，采取边讲边写的方式；也有的老师喜欢把地理课堂板书提前写在黑板上，然后按照板书内容逐步展开教学，师生一起分析、学习。具体采用哪种形式，教师可以根据课堂教学需要或者个人授课习惯而定。另外，有的时候也会出现地理教师在教学过程中因忙于讲解而忘记课堂板书的现象。如果是一节地理随堂课，教师可以抓紧时间补写，利于学生巩固、强化本节课知识或者补记地理课堂笔记。但是，如果是职初教师在上公开教学课时碰到这样的情况，我建议教师可以利用下课前复习巩固的时间，通过复习提问、板书强化的形式，很自然地把课堂板书补写上去。这是一种教学的智慧，也是我经验的总结。记得我刚刚参加工作的第二年，上了一节关于澳大利亚的公开教学课，可能因为太过紧张，写了题目——澳大利亚以后，后面的板书就完全忘记写了。快要结束新课的时候，我突然意识到，今天忘记板书了！好在我急中生智，采用复习提问的方式，问学生："通过今天的学习，你印象中的澳大利亚是什么样子的?""独占一块大陆的国家"，"骑在羊背上的国家"，"坐在矿车上的国家"……学生每讲一句，我马上把内容写在黑板上。想不到"弄拙成巧"，评课的时候，有的听课老师还以为这是我独特的教学设计呢！

综上所述，地理课堂板书对地理教学有一定的促进作用。作为地理教师，我们备课时，应当认真研究教材内容，在遵循地理课堂板书设计准确性、科学性、整体性、启发性等原则的基础上，根据课堂教学的需求设计出布局合理、重点突出、视觉美观的地理课堂板书，用以激发学生地理课的课堂学习兴趣，提示教学内容，进而提高地理课堂教学质量。

“双减”及“五项管理”背景下初中《地理练习部分》的灵活使用

2021年以来，教育部陆续出台了关于加强中小学生作业、睡眠、手机、读物、体质管理（简称“五项管理”）的文件。其中，2021年4月8日，教育部办公厅印发的《关于加强义务教育学校作业管理的通知》强调：小学一二年级不布置书面家庭作业，小学其他年级每天书面作业完成时间平均不超过60分钟，初中每天书面作业完成时间平均不超过90分钟。为深入贯彻党的十九大和十九届五中全会精神，有效减轻义务教育阶段学生过重作业负担和校外培训负担（以下简称“双减”），2021年7月24日，中共中央办公厅、国务院办公厅印发《关于进一步减轻义务教育阶段学生作业负担和校外培训负担的意见》。为全面落实“双减”以及“五项管理”工作部署，2021年8月，上海市发布“双减”细则，再次明确作业规定，严格按照教育部关于作业管理的通知，限制作业时间。在此背景下，上海中考的非计分科目原则上不留家庭作业。

上述情况给广大一线地理教师的课堂教学带来了很大的挑战：不能布置课后作业，配套的地理教材《地理练习部分》的使用成为地理教师们面临的一个难题。以往的地理教学，《地理练习部分》往往是在课堂上完成，但很多情况下，或多或少都会占用学生的课后时间。但是，现在在“双减”及“五项管理”背景下，这种情况被明令禁止。而《地理练习部分》属于配套教材，其内容有助于学生更好地掌握地理课堂知识。

2021年9月开学初，我和大多数地理教师一样，也碰到了这样的挑战。我仔细翻阅了《地理练习部分》，发现其主要的题型有填图题、填空题、选择题、连线题、讨论题、辩论题和问答题。美国当代著名的教育家和心理学家布鲁姆在其《教育目标分类学》一书中将教学目标中的认知目标分为知识、领会、应用、分析、综合、评价六个由浅入深的层次。学习者的认知水平停留在知识或领会的层次则为浅层学习，涉及的是提取简单知识、机械记忆符号表征或了解浅层逻辑背景等低阶思维活动。而认知水平较高的应用、分析、综合和评价则涉及的是理性思辨、创造性思维、问题解决等相对复杂的高阶思维活动，属于深层学习。依据布鲁姆教育目标分类法，我把《地理练习部分》中的题型大致进行了分类：填图题、填空题、选择题、连线题等难度不大，属于浅层学习的内容；而讨论题、辩论题、问答题则属于深层学习的内容（如图1）。我把浅层学习的内容当作学生课堂学习的预习学案内容；而深层学习的内容，我结合备课，设计成学生课堂讨论的内容。此外，《地理练习部分》中一些知识内容相对综合性强的章节可以作为教师教学质量监控的良好载体。

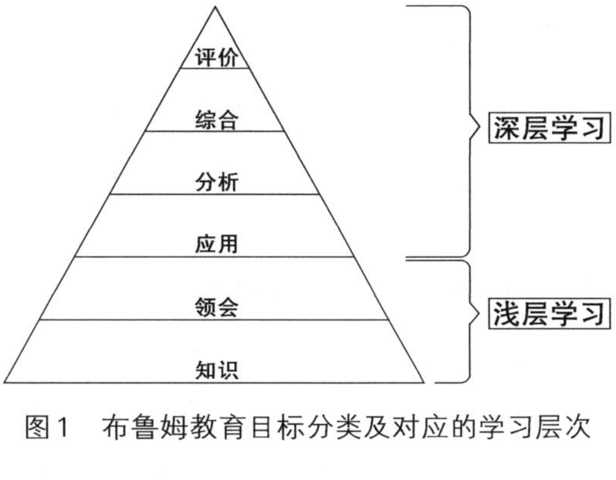

图1　布鲁姆教育目标分类及对应的学习层次

一、浅层学习内容设计为课堂预习学案

以填图题为例。《地理练习部分》中每一节的第一题都是填图题，其内容往往都是填写与本节课知识有关的山脉、城市、河流、周围的海或者洋的名称等。因为这一部分内容难度不大，所以在正式讲授新课前，我都会安排学生用最快的速度，完成《地理练习部分》的填图题。在填图的过程中，学生对这节课的一些地理事物有了初步的认知。这样，《地理练习部分》的填图题，起到了课堂预习学案的作用，有效地缩短了课堂授课时间，提高了地理课堂学习的效率。

例如，在学习沪教版地理六年级第一学期“独占一块大陆的国家——澳大利亚”这一节课时，学生在教师授课前，通过完成《地理练习部分》第一题的填图题，对澳大利亚的地理位置、主要的河流、盆地、山脉等地理事物有了一定的认知，等教师讲授新课的时候，学生便可以很容易地跟上教师授课的进度。

再比如，在学习沪教版地理七年级第一学期“气候的主要特点”这一节课时，我首先让学生完成《地理练习部分》第一题的填图题。经过填图，学生可以很清楚地知道我国有六种气候类型和每一种气候类型的名称、分布，这可以为接下来学生掌握我国气候类型复杂多样、季风气候显著的气候特点做铺垫、打基础。

二、深层学习的内容，以小组讨论形式落实到课堂教学中

美国缅因州国家训练实验室研究发现：采用不同的学习方式，学习者在两周以后还能记住内容（平均学习保持率）的多少是明显不同的。出乎意料的是，“听讲”——老师说、学生听这种我们最熟悉、最常用的教学方式，学生的学习效果却是最差的，两周以后学习的内容只能留下5%；通过“阅读”方式学到的内容，可以保留

10%；通过“听与看”的方式学习，可以保留20%；通过“示范、展示”的方式学习，可以记住30%；通过“小组讨论”的方式学习，可以记住50%；通过“做中学”或“实际演练”的方式学习，可以达到75%；通过“教别人”或者“马上应用”的方式学习，可以记住90%的学习内容（图2）。在此基础上，美国著名的学习专家爱德加·戴尔又进一步提出：学习效果在30%以下的几种传统方式，都是个人学习或被动学习；而学习效果在50%以上的，都是团队学习、主动学习和参与式学习。

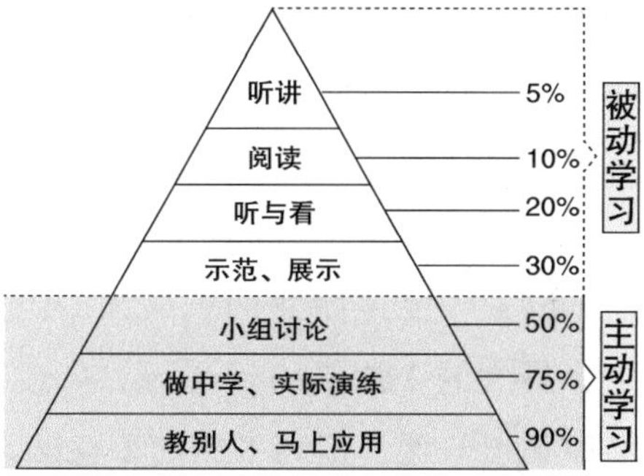

图2 学习保持率金字塔示意

《地理练习部分》中很多章节都有讨论、分析、辩论的题目，这些题目是针对地理课本知识的重点、难点设计的，学生往往需要花费比较多的时间思考、作答。以前，这样的题目是让学生课后回家完成的。但是，现在的政策不允许这样做。可是，这样的题目，通常是为了让学生巩固教材重难点知识的，具有一定的针对性，不做又很可惜。受美国缅因州国家训练实验室研究结果的启发，我决定在备课的时候，除了备课本知识，也要备《地理练习部分》内容，把讨论、辩论、问答等的题目结合教学重点内容，设计成小组讨论的题目，落实到地理课堂教学中。这样既有效使用了《地理练习部分》，又能够提高地理课堂的教学效率。

例如，沪教版地理六年级第一学期“东方文明古国——印度”的《地理练习部分》第二题：“印度是世界农业大国之一，很多农产品的产量居世界前列。请你将印度成为世界农业大国的条件列在下面（至少写三条）。”我上课的时候是这样设计的：东方文明古国——印度，是一个农业大国。请学生思考：农业生产需要哪些条件（耕地、人、水源等）。然后，我把农业生产的区位条件给学生做简单介绍：影响农业区位的条件分为自然条件和社会经济条件两大类，自然条件包括气候（热量、光照、水分、昼夜温差）、水资源、地形等，社会经济条件包括市场需求、交通、国家政策、技术、劳动力等。接下来请学生分小组，以地理课本和地图册为资源，找出印度利于农业生产的条件。

通过阅读、思考、讨论，学生很快就可以找出如下的答案：

自然条件：

（1）印度是南亚面积最大的国家。地形以平原和低缓的高原为主，最大的平原是恒河平原，印度半岛上的高原叫德干高原。德干高原平坦低缓，恒河平原面积辽阔。

（2）印度气候类型以热带季风气候为主，水热条件好。

社会条件：

（1）印度是世界第二人口大国。农业生产有丰富的劳动力资源，也有巨大的农产品市场。

（2）印度是世界上养牛最多的国家。农业生产有畜力支持。

（3）印度重视科学技术的发展，通过引进技术、鼓励科学研究等措施，使科技迅速发展，科技的发展又促进了工农业生产水平的提高。目前，印度的空间技术、核能利用、电脑软件的研究和开发已达到世界先进水平。

类似的例子还有很多：沪教版地理六年级第一学期“金字塔之国——埃及”的《地理练习部分》第三题“关于尼罗河对埃及有何重要意义”（要求学生从人口分布、农业生产和分布、城市分布、旅游资源等方面来分析）；沪教版地理七年级第一学期“青藏高原地区”的《地理练习部分》第四题“到青藏高原进行登山的人员，都穿着保暖服，眼戴墨镜，背着氧气袋，这些装备与青藏高原的哪些环境有关”。这些题目都可以通过教学设计，以课堂讨论的形式来完成。这样，地理课堂以小组讨论的形式开展教学，既活跃了地理课堂教学气氛，也提高了学生地理课堂学习效率。

三、综合性强的章节可作为教师教学质量监控的良好载体

为深入贯彻落实中共中央关于教育评价改革和“双减”工作部署要求，严格规范学校教育教学行为，切实降低学生考试压力，促进学生全面发展健康成长，2021年8月30日教育部办公厅印发《关于加强义务教育学校考试管理的通知》，要求：“大幅压减考试次数，小学一二年级不进行纸笔考试，义务教育其他年级由学校每学期组织一次期末考试，初中年级从不同学科的实际出发，可适当安排一次期中考试。”“学校和班级不得组织周考、月考、单元考试等其他各类考试，也不得以测试、测验、限时练习、学情调研等各种名义变相组织考试。”在这样的背景下，初中阶段地理学科每个学期只有一次考试——期末考试。学生的学习情况，地理教师得通过课堂检测来完成。为此，我仔细翻阅《地理练习部分》，找出综合性强的练习题，作为课堂检测的内容，再利用一节课的时间进行质量监控，并且面批。因为学生地理知识掌握程度不同，题目的完成时间也不相同。利用一节课进行面批，教师在检测学生学习效果的同时，也进行了“补缺补差”的工作，在一定程度上提高了地理课堂的教学效率。

例如：沪教版地理六年级第一学期“南美‘巨人’——巴西”这节课的《地理练习部分》题目，既能够考查学生读图分析的能力，也能够考查学生阅读文本的水平。第一题的第3问：在地图上标注伊泰普水电站的位置。课本上介绍该水电站位于巴西与巴拉圭的国境线上，位于巴拉那河上。学生只有清楚伊泰普水电站是在两条线状地理事物的交会点才可以准确作答。本节练习一共有26个答题项，我采取的是错一个扣4分的形式，最后呈现给学生的是A～E的

等第成绩。

再比如：沪教版地理七年级第一学期“众多的河湖”这节课的《地理练习部分》，在考查学生对当堂课的河流湖泊知识掌握的同时，也对前面一段时间学习的地形区、温度带、干湿区、季风区与非季风区、内流区与外流区等知识进行了复习与巩固。本练习总计100分：第一题每题3分，28题共84分；第二题每题4分，4题共16分。按照有关要求，考查结果以A～E等第的形式呈现。

经过近一个学期的教学实践，我认为在“双减”及“五项管理”背景下，初中《地理练习部分》可以按照以上的教学策略灵活使用。

地理作业及试卷的批改与讲评

义务教育阶段，《地理练习部分》以及地理期末考试的试卷，是我们地理教师日常教学中使用最广泛的评价学生地理学习情况的重要课程评价资源。一般说来，地理教师批改学生的作业或者试卷的过程，是地理教师对学生地理学习情况了解的过程。学生的作业或试卷，可以比较直观地反映出学生对地理知识的掌握情况。地理教师在批改作业及试卷的过程中，可以及时发现学生地理学习中的问题，从而有针对性地给予学生相应的指导和帮助，进而反思并改善自己的地理教学。

需要指出的是，地理作业及试卷的批改与讲评是要讲究方式方法的。

一、当面批改作业，解决课业问题

地理作业的批改，可以简单，也可以不简单，这取决于地理教师的工作态度。如果一位地理教师想通过批改作业深入了解学生地理学科的学习状况，进而改进自己的教学，促进自己的教学工作，的确是要花一番心思的。

1. 作业尽可能面批，可以快速有效地提高学生地理成绩

在中共中央办公厅、国务院办公厅印发《关于进一步减轻义务教育阶段学生作业负担和校外培训负担的意见》，教育部办公厅印发《关于加强义务教育学校作业管理的通知》以后，《地理练习部分》的题目我就基本上在课堂上让学生完成了。这就需要教师在备课时，注意课堂时间分配。根据上课的内容、《地理练习部分》的内容，大致估算绝大部分学生完成本节课作业需要的时间。因为学生做作业的速度不同，教师留给学生写作业的时间应该是班级中绝大多数学生能够完成作业的时间。这样，教师就可以在课堂上对学生的地理作业进行面批。对一些作业已经完成，但是有一点小问题的学生，教师可以在面批的时候，及时点拨提醒。到了下课时间，可能会有个别学习困难的学生作业还没有完成，这时只有辛苦地理教师利用课下时间，手把手地单独辅导与批改了。

2. 作业批改中发现的比较集中的问题，要分析原因，提出解决办法

教师在批改完作业后，千万不要以为当天的教学任务已经完成，万事大吉了，而是要细想一下：刚刚批改作业的时候，学生做错的题目有哪些？这些错误是学生的学习能力不够造成的，还是教师授课的时候知识点没有讲到位？抑或学生的学习态度不够端正，审题出现了问题？……发现问题以后，在上下一节课的时候，一定要想办法解决或者补救。对于在作业批改中出现得比较集中的问题，教师最好在下一节课讲授新课前，花时间进行讲评，将问题解决掉。例如，我在上沪教版地理七年级第一学期“地形地势的主要特点”这一节课时，让学生通过上课，记住了我国地势的特点：我国地势西高东低，呈阶梯状分布。但是，《地理练习部分》中要求学生填写

“北纬32°纬线自西向东沿线的三级阶梯分布、地形区、山脉等地理事物的名称”的这一题，学生的错误率比较高。北纬32°纬线东部的地形区是长江中下游平原，濒临的海洋是黄海，但是有相当一部分学生把答案写成了“华北平原”和“渤海”。课后询问学生，得知他们对六年级学习的关于纬线的知识有所遗忘，地形与地形区概念也混淆不清。于是，我安排下一节课上新课前，先利用五分钟左右的时间进行作业讲评，把学生作业中体现出来的、掌握不够的知识点讲清楚、讲明白。教师也可以把学生作业中典型的错误答案，用手机拍照，放在PPT课件上，讲评时可以起到警示作用。

另外，我通过批改作业，发现有部分学生做作业时，经常会漏做一些题。例如，沪教版地理七年级第一学期“人口与民族”的《地理练习部分》中，漏做了在图中把我国的人口地理界线——黑河—腾冲线连接起来的题目；再比如，沪教版地理七年级第一学期“黄河”的《地理练习部分》中，漏做了在地图上标注黄河上、中、下游分界点的题目。后来，经过批改作业，我发现出现类似问题的学生有共同的特点：做事情比较毛躁，没有看清楚题目的要求。所以，我在日常教学中让学生养成做作业时默读题目的习惯，至少通读一遍，帮助这些学生尽量减少少做、漏做题目的现象，以提高他们的地理成绩。

二、恰当使用评语，激发学生学习兴趣

据我了解，我们许多一线地理教师，在日常的《地理练习部分》的批改中，采用A~D的等级制打分，或者“优秀”“良好”“合格”的评价方式。采用上述评价方式，学生看到的只是自己作业的一个等级成绩，看过以后，可能不会有太多的感触。要知道，教师的一句话，对学生来讲是非常有教育意义的。近年来，我在批改地理作业时，碰到学生作业中有一些典型的问题，明显的疏漏，或者作业

质量、考试成绩有明显提高时，我都会写一些评语。评语可长可短，可以是表扬鼓励，也可以是批评责备。无论哪一种形式，都起到了很好的教育作用。“请认真读题，看清楚题目要求！”“你有点粗心啊！”“不错，这一次你的地理成绩提高啦！继续加油哦！”……利用简洁、富有启发性或鼓励性的评语批改地理作业与试卷，加强了我与学生的沟通，密切了我与学生的联系，同时，也激发了学生学习地理的兴趣，提高了学生学习地理的积极性。

三、做好试卷分析并且讲评

响应国家的“双减”政策，初中阶段的地理课是没有平时测验的，所以每个学期的地理学科期末考试，试卷的批改是非常重要的。一个学期仅有的一次大规模的考试，是教师全面了解学生地理学习情况和自己地理课的教学情况的主要机会。因此，期末考试以后，教师认真批改试卷并完成试卷分析是至关重要的。通过批改和分析试卷，教师可以了解学生哪些知识掌握得好，哪些知识掌握得不理想。掌握得好的地方，自己上课有哪些好的方式方法？掌握得不好的地方，原因在哪里？如果是教学方面的原因，以后怎么克服自己教学中的不足？……

由于地理学科目前是上海中考非计分考查科目，很多学校地理学科的期末考试，往往会比语文、数学、英语等学科提前一周左右的时间。有的时候，地理学科考完了，后面的地理课时间是不上地理课的，而是被语文、数学、英语等学科的教师占用。所以，通常情况下，初中阶段的地理期末考试卷，教师往往是不会讲评的。其实，这样的做法对学生地理学科的学习是极其不利的。学生考完试，没有看到试卷，只是从《学生手册》里看到自己的地理成绩，根本不知道自己错在哪里，从而无法在以后的考试中避免出错。因此，我每一个学期开学的时候（六年级第一学期、高一第一学期除外），都尽可能在第一节课花时间对上学期期末考试的试卷进行讲评。实践表明，评讲的效果非常好。试卷上鲜红的“×”、扣掉的分数，让学生对自己考试中的错误印象深刻，这对他们今后的地理学习会有很大的促进作用。此外，针对考试中学生错误比较集中的问题，有的放矢，重点讲授。例如，六年级的地理期末测验，大都会有这样的情况：一是学生听课了，笔记也记了，但是，记笔记的时候没有看老师的板书，写的是错别字，例如把“湿润”写成“温润”，把“太平洋”写成“大平洋”；二是学生上某一节课的时候走神，一些重要的内容没有记录下来，考试的时候碰到相关知识点时回答不出，而被扣分。这些问题在试卷讲评以后，学生肯定会想方设法地改进。如果不做试卷讲评，这样的教学效果是无论如何都不可能有的。

谈地理课堂教学反思的撰写

一、教学反思的概念

教学反思，又称“课后小结”，也有人把它称作“教学后记”“教学感悟”。教学反思通常是指教师上好一节课后，对自己教育教学课堂实践的再思考、再认识，并撰写成文，以此来总结经验教训，进一步提高教育教学水平的一种方法。教学反思可以从教学内容的设计、教学过程组织、教学策略等方面进行。具体说来，教学内容方面：本节课教学目标、重点难点的确立是否恰当？教学过程方面：课堂教学中学案的使用情况如何？组织课堂讨论的题目内容是否恰当？课堂讨论的时间是否合理？有没有完成既定的教学计划？……全面反思后，教师还要针对存在的问题思考，例如：教学计划怎样修改会更有效？……

二、教学反思的重要性

刚刚走向工作岗位的年轻教师，在学校检查教学工作的时候，往往会被要提供求教案全部或者部分附教学反思。有部分年轻教师刚刚踏入工作岗位，还没有意识到教学反思的重要性，以为写教学反思只是应付学校检查而已，每当领导检查教案的时候，他们在教案后面随随便便写一两句话，草草应付了事。事实上，这样应付了事的教学反思是起不到教学反思该有的效果和作用的。这里我想对青年教师说：千万不能把写课后教学反思看成应付领导检查的一项差事。反思，是回头、反过来思考的意思，是近代西方哲学中广泛使用的概念之一。其实，在《论语·学而》中就有“吾日三省吾身”的说法，意指每天多次反省自己、检视自己，发现自身缺点，弥补自身不足。一般说来，教师的教育智慧和驾驭课堂教学的能力除了来自教育理论的学习及课堂教学实践外，更多的是来自教师对自身教学实践长期坚持不懈地反思。教师在教学反思中扬长补短，形成教育智慧，在教学反思中慢慢形成自己个性化的教学风格。

华东师范大学叶澜教授曾经说过这样一句话：一个教师写一辈子教案不一定能成为名师，但是写三年反思，就有可能成为名师。叶澜教授说的这句话充分说明了反思在教师专业成长过程中的重要性。教学反思是教师提高个人业务水平的一种常规而有效的手段。在多年的工作中，我也深刻体会到，我在教学上一点一滴的进步和我一直坚持认真反思教学有相当重要的关系。首先，我们可以通过教学反思寻找自己教学的优势所在，总结经验，在以后的教学中继续发挥自己教学上的优势，便于形成自己的教学风格；其次，回顾反思自己的教学活动，可以寻找教学中的不足，为今后改善课堂教学找到方向。总之，教学反思有利于教师在以后的教学中扬长避短，提高自己的教学能力，打造自己独特的教学风格。

三、教学反思的内容

教学反思不仅仅需要反思自己上课成功的地方，更加需要反思课堂教学出现问题的地方，以及怎么样改进教学才能避免此类问题的产生。那么，教学反思包括哪些内容呢？

1.教学中的成功之处

上完课以后，反思自己教学中比较满意的地方：教学过程中达到预先设计的教学目的，引起共鸣效应的做法；课堂教学中随机应变、处理得当的方法；层次清楚、条理分明的板书；某些教学思想的渗透与应用的过程；教育学、心理学中一些基本原理使用的感触；教学方法上的改革与创新……将这些详略得当地记录下来，供以后工作中参考使用，并可在此基础上不断地改进、完善。

2.教学中的不足之处

即使是自我感觉很不错、听课教师都说好的一节课，课堂教学中也难免有疏漏失误的地方：可能是在教学中有遗漏的知识点，也可能是对个别学生的课堂回答的评价不合时宜……课后，对这些课堂上的不足之处，进行回顾、梳理，并且反思、探究和剖析，想办法在今后的教学中克服，努力使自己的教学更加完美。

3.上课过程中学生一些独特的见解、思维的火花

众所周知，在课堂教学过程中，学生是课堂学习的主体。中学生精力旺盛、思维活跃，课堂上经常会对某些事情有自己独特的见解。如果这些独特的见解是正确的，符合地理学科特点，教师应当给予充分肯定。同时，这些难能可贵的见解也是对教师今后课堂教学内容的补充与完善，可以拓宽教师的教学思路，提高教学水平。教师应该在教学反思中将其记录下来。

4.课堂再教学设计

一节课下来，反思出一些内容，如教法上有哪些创新，知识点上有什么发现，组织教学方面有何新招，解题的诸多误区有无突破，

启迪是否得当，训练是否到位，等等。教师应及时记下这些得失，并进行必要的归类与取舍，思考再教这部分内容时应该如何做，趁热打铁，写出“再教学设计”，为再上这节课做好准备。这样可以做到扬长补短、精益求精，把自己的教学水平提高到一个新的境界和高度。

【教学反思示例】

《长江》教学反思

因为要上一节校级公开课，同时，开课时间又恰逢国庆节前夕，所以，我选择了沪教版地理七年级第一学期“长江”这一节。长江是我国的第一大河，是名副其实的“黄金水道”，而我们上海市又位于长江入海口。本节课是《中国地理》教学内容中的重要章节之一，也是结合国情，培养学生热爱祖国大好河山的一个良好教育素材。

一、成功之处

总体上说，我对这一节课还是比较满意的。本节课的成功之处表现为以下几点：

1.重点、难点的把握比较到位

工作以来，我不断加强学习，再加上外出听课的机会也比较多，所以，我对教材内容的重点、难点的把握比较到位。经过深入思考，我把本节课的重点、难点确定如下：

重点

（1）长江的概况。

（2）长江上、中、下游起讫地点的名称，各个河段的水文特征，以及开发和治理的现状。

（3）长江是“水能宝库”和“黄金水道”。

难点

（1）水能的概念，长江上游水能资源丰富的原因。

（2）长江中游洪灾多发的原因。

（3）长江是“黄金水道”的原因。

其中，将水能的概念作为教学的难点，是我确定教学重难点的一个亮点。水能涉及多个学科，尤其在物理学科中，它是水体的势能、动能转换为电能的综合表达。但是，对于初一的学生来说，他们没有学习过物理，没有任何与此有关的物理基础知识做铺垫，是很难理解的。一般情况下，许多地理教师是考虑不到的。所以，把水能作为难点之一，是我深思熟虑的结果。

2.精美的PPT课件，极大地吸引了学生的注意力

因为这一次是校级公开教学课，我也积极地探索在地理教学上的突破——如何使学生对地理感兴趣，为此我在多媒体利用方面下了一番功夫。本节内容知识点比较多，重点、难点较多，如何让学生掌握一堂课所学的内容是十分重要的。首先，我从网上搜集有关长江的一些图片资料，如长江的源头、长江三峡、长江的支流等，然后做成精美的PPT课件。一上课我就把PPT课件中长江的图片展示给学生看，激发学生对本堂课将要学习的内容的兴趣。再用歌曲《长江之歌》引入课题，在播放歌曲的同时让学生欣赏一些长江其他的景观图片，既营造了一种欢快的学习气氛，又吸引了学生的注意力，极大地激发了学生的兴趣。

3.教学过程中对细节的把握比较到位

细节决定成败。作为一名有着一定教学经验的中学地理教师，

由于我对教材内容比较熟悉，对学生的认知水平比较了解，所以，教学过程中能够有精力把握教学的细节。例如，在让学生一起朗读“长江的名称”这一段内容之前，我先把学生有可能不会念的“沱”字的读音讲授给学生。再比如，同样是这一段内容中，出现了“矶”字，这是一个地理专用名称，我把它的意思——“矶：水边突出的岩石或石滩”明确地解释给学生听。然后，举例说明，把长江三大名矶（湖南岳阳的城陵矶、安徽马鞍山的采石矶和江苏南京的燕子矶）给学生作了简单介绍，鼓励学生课后去深入了解它们的情况，激发学生学习地理的兴趣。

4.教学过程中注意知识的科学性、语言的严密性

地理图表是地理学习的语言，在教学的过程中，难免要运用一系列的地理图表。在使用数字类表格时，我十分注意数字的准确性。例如，为了显示长江是我国的“黄金水道”，我用通航里程、货运量等数据制作了一个表格。在课堂上，我明确地告知学生，这些数据来自新华社2009年12月的新闻稿。再比如，为了加深学生对长江干流流经的省级行政区，尤其是源头和入海口的省级行政区的印象，我引用了北宋李之仪的《卜算子·我住长江头》：“我住长江头，君住长江尾。夜夜思君不见君，共饮长江水。”当时我也提出了两个小问题：如果作者生活在今天的中国，他生活在哪一个省级行政区？他思念的人在哪一个省级行政区呢？

二、不足之处

虽然总体上看，这一节课完成得还不错，但是，不足之处在所难免，表现为：

1.部分内容的教学处理比较仓促

由于本节课所学内容比较多，所以在有些内容的教学处理上显得比较仓促。如长江干流流经的地形区、省级行政区和长江主要支流的名称及位置，没有分配更多的时间让学生充分巩固；在讨论荆江河段的治理时，给学生自主学习的时间不够；等等。今后，一定要注意改进。

2.对课堂板书的重视不够

在上本节课前，我以为，上课使用PPT课件后，有关教学内容已经在PPT课件中显示了，板书就可以省略了。今天，几位听我课的老教师，对我使用PPT课件却没有写板书这一点提出了批评和建议。我整理了一下，他们的建议大致如下：

“尺有所短，寸有所长”，作为传统课堂教学象征的板书的教学功能是PPT课件无法取代的。板书不像PPT课件那样机械，可以随写随看、随擦随写，教师可以在教学过程中及时调整自己的教学设计。此外，地理课堂PPT课件播放速度比较快，有时学生可能还没有看清楚上一页PPT课件中的内容，教师就已经把课件翻到下一页了。而教师上课时，把一节课的重点通过板书落实到黑板上，学生在课堂学习中，不经意地多次看黑板上的板书内容，可以巩固与强化课堂重点。所以，使用PPT课件上课时，板书同样也不可以忽略。

老教师们的评课，让我意识到了课堂板书的重要性，今后的地理课堂教学中我一定要注意课堂板书的书写。

3.上课易受情绪的影响

这一次的公开课，我选择了初一（2）班，主要基于以下的考虑：这个班级学生学习基础相对较差，但是他们地理课的学习态度一直都很端正，对地理课的学习兴趣也比较浓。我想通过在他们班级上公开课的形式，给他们肯定和鼓励。当我宣布在他们班上公开课，有许多教师要来和我们一起学习时，孩子们欢呼雀跃。可是，真正上课的时候，听课的教师比较少，只有几位老教师。所以，我感到自己像是在学生面前说了大话一样，一下子很不自在，感到很没劲，这影响了我上课的情绪。这一点，对于一位有近二十年教龄的老教师来说是很不应该的，今后，我一定要注意稳定自己的情绪，不受外界环境影响，饱含激情地上课。

地理教师如何说课

说课，作为一种教学、教研改革的手段，最早是由河南省新乡市红旗区教研室于1987年提出来的。说课既可以针对具体的课题，也可以针对一个重要知识点或一个学科教学的难点。教师通过口头表达，阐述其教学构思及其理论依据。说得简单点，说课其实就是教师说说这一节课打算怎么教，为什么要这样教，如何确定某一个知识点是教学重难点，打算设计什么样的教学活动来促进学生对这一知识点的学习。

说课现在已经成为一些学校校内备课组，校级、区级等级别的教学研究中常见的教研交流活动。由于上课、听课等常规的教研活动大都要受时间和场地等的限制，而说课人多可以，人少也可以，时间也可长可短，非常灵活。它的灵活体现在不受时间、环境、条件的影响，随时、随处都可以进行说课。说课是一种短、平、快的教学活动。它能在十分钟左右的时间内体现出一位教师的教学基本功和教学水平。因此，现在教育科研部门在培养、选拔、评价教师时，通常会采取“说课”的方式。现在说课也成为教师招聘和课堂教学类比赛等活动中常见的一种对教师教学水平、教学能力的检验手段。

一、说课的结构

说课包括说教材，说学情，说教法、学法，说教学过程和说板书设计五个方面。

（一）说教材

通常情况下，说教材包含说教材地位，说课堂教学目标，说教学设计的重点、难点三个部分。

1.说教材地位

一些年轻教师的说课中，说教材往往就是简单直白地介绍一下自己即将上的内容是教材第几章第几节，题目是什么就没有下文了。其实，这些内容听课的人都是知道的。实际上，说教材首先要说说教材地位，即对将要说的课在本教材中及本单元中的地位、作用和教学价值进行分析。说课者要依据《课标》所规定的教学原则和要求，在整体把握教材知识体系和编写意图的前提下，通过分析所选课题（章、节、课）的内容特点，确定其在所在教学单元中的地位，从本节教材所在单元在整个教材体系中的地位以及与其他单元的基本关系来展开。通过分析新旧知识的联系，确定其在整体和单元教学中的作用，在此基础上，说课者再简单阐述自己对本节课教材的处理。总之，说课就是从地位、结构、内容、教育意义等方面论述本节教材在本课、本单元、本书中的地位和作用。需要注意的是，这里仅仅需要说教材。有的年轻教师，往往在这一部分会把着力点放在说学生上。

2.说课堂教学目标

根据地理新课标和教学大纲的要求，以及所教学生的年龄特点、生活经验、认识问题的层次和程度，制定课堂教学三维目标：知识与技能目标、过程与方法目标和情感态度与价值观目标。教师制定教学目标要全面，力求关注到学生的基础知识、学科能力、德育渗透；制定教学目标要适当，要符合课标要求，符合学生实际，要有“识记、理解、运用”等层次要求，不要随意提高或降低；制定教学目标要具体，要将教学标准中总体性、综合性的教学目标分解成本节课的具体目标。教学目标的表达要准确、简明，具有可操作性，易于检测。

例如，沪教版地理七年级第一学期“长江”教学目标如下：

（一）知识与技能

1.能够读图说出长江的发源地（唐古拉山脉）、注入的海洋（东海）的名称。知道长江是我国长度最长、水量最大、流域面积最广的河流，是我国的第一大河。

2.能够读图说出长江干流流经的省级行政单位的名称，长江的主要支流的名称。

3.能够读图说出划分长江上、中、下游起讫地点的名称，知道长江上、中、下游各河段的水文特点。初步了解长江上、中、下游各河段的开发和利用的现状。

4.能够读图说出长江三峡中各个峡谷的名称并且找出三峡水利枢纽建在其中哪一个峡谷。

5.知道长江被称为我国的“黄金水道”，并且能够结合课文、图册进行解释说明。

6.知道防洪在长江中游地区是至关重要的任务，并且能够分析洪灾形成的原因，积极思考、探究治理洪水应采取的主要措施。

3.说教学设计的重点、难点

教学重点，是指教材中学生必须掌握的最重要、最基本的核心知识点。教学难点，是指学生学习过程中阻力较大或难度较高的知识点，也就是学生难以接受的知识点或不易掌握的技能技巧。教师在说课时，依据教材，从教学内容、课程要求、理论层次、对学生的作用等方面确定教学的重点和难点。说课要做到突出重点，讲清难点。

例如，沪教版地理七年级第一学期“长江”教学重点、难点：

（一）教学重点

1.长江的概况。

2.长江上、中、下游起讫地点的名称，各个河段的水文特征，以及开发和治理的现状。

3.长江是“水能宝库”和“黄金水道”。

（二）教学难点

1.水能的概念，长江上游水能资源丰富的原因。

2.长江中游洪灾多发的原因。

3.长江是“黄金水道”的原因。

（二）说学情

新课改理念中，学生是地理课堂学习的主体，从学生实际情况出发是进行教学的根本。学情的分析要从知识层面、心理层面和外界层面，结合教材内容、学生的认知水平和身心发展特点展开分析。一般情况下，说学情，可以说学生的年级、学生已经学习的关于本节课的知识基础，或者说学生本节课哪一部分知识点的认知尚有困难，等等。总之，说课中教师要从学生学习本课的原有基础和现有困难两个方面，分层次、客观、准确地分析学情，为采取相应的教学对策提供可靠的依据。

例如，沪教版地理七年级第一学期“长江”说学情：

本节课是七年级第一学期的地理课。在前面的学习中，学生已经学习了“众多的河湖”这节课，对我国秦岭—淮河以北地区、以南地区河流的水文特征有了一定的认知；也学习了“黄河”这节课，已经初步掌握了某一条河流的学习方法，能够根据图例，读出河流上、中、下游的划分。即将学习的“长江”这节课中，有“长江上游水能丰富”的知识点。对水能概念的理解得有一定的物理学基础，七年级的学生没有学过物理，因此对水能的理解有困难。

（三）说教法、学法

说教法，即说教师打算采取什么样的方式来展开教学。教法设计应紧扣教学目的，符合课型特点和学科特点，有利于发展学生潜能，可行性强。说课中，教师既要说清本节课的总体构想和依据，又要说清具体的教学设计，尤其是关于重点、难点知识的教法设计的构想及其依据，使教法设计思路清晰，具有较强的可操作性。

说学法，即说课者必须说明如何根据教学内容，围绕教学目标，指导学生学习，教给学生什么样的学习方法，培养学生哪些能力，如何调动学生积极思维，怎样激发学生学习兴趣，等等。

（四）说教学过程

教学过程也可以说是教学基本环节。一节地理课主要有以下几个环节：导入新课，讲授新课，课堂练习，内容小结，布置作业等。教师在说课中说教学过程时要注意：不同的教学环节之间要有自然的过渡承转，有清晰的教学思路，有逐步推进的层次感。教师应着重说自己教学中如何突出重点、突破难点的教学设计思路，化解教学难点的具体方法、步骤，师生双边活动的具体安排及设计依据。说教学过程也可以叫作说教学流程，通常在说课PPT课件中以流程图的形式来展示。

（五）说板书设计

地理课堂板书是地理教师课前备课时，深入钻研教材，根据教学目的认真构思，精心设计，运用文字、符号、图表等形式体现的教学要点或课堂讲授提纲。地理课堂板书是教师对课堂教学内容简明扼要的高度概括。一般在时间允许的情况下，说课教师最好在说教学过程的时候，顺便写出板书。板书尽可能跟讲解的语言和体态密切配合，体现教学意图，突出教学重点，显示教学思路，表达形象、直观，从而加深听课者的印象。

二、说课中需要注意的几点

（一）说课与讲课的区别

讲课是教师在特定的环境中，依据教案，实现教学目的，完成课堂教学任务的过程。讲课有具体的教学主体对象。讲课过程中有师生互动，生生互动，是具体的课堂教学实践活动。

说课是由说课教师说教学设计给特殊的对象（领导、专家和同行）听的过程，基本上是说课教师一人的“独角戏”。它侧重于教学理念阐述，教学思路的表达，属于教研活动的范畴。

（二）正确处理说课与备课的关系

备课是地理教师在精心分析教材、结合地理课程标准的基础上，精心设计教学，撰写教案的过程。备课有具体的教学内容和连贯的教学步骤。说课是教师对各个教学环节的想法和采用这些步骤的依据，简单点说，就是为什么要这么备课。

（三）其他注意事项

另外，说课还要尽可能地注意以下几点：说课的时候，尽可能脱稿；说课时要说普通话；说课教态要亲切自然，面带微笑，不摇头晃脑；说课板书要字体工整，条理清晰；说课中教学步骤要清晰，目标明确；比赛类、应聘类说课时，说课教师最好着正装。

当然，说课也有一定的局限性。因为说课看不到教师如何临场发挥，看不到教师驾驭课堂的能力与水平，也看不到学生对知识的理解、掌握的效果和学生实际思维的过程。

因此在实际教学中，要提高教师的教学业务水平、教学能力，必须把说课与集体教研、优质课展示等形式结合起来，这样才能从整体上促进教师的专业发展，提高教师的业务水平。

地理教师如何听课、评课

一般说来，教师层面的听课，是一种教师认真聆听其他教师（同行为主）的课堂教学，仔细观察、思考，课后集体评课，进而使上课者、听课者业务水平共同提升的一种教学研讨活动。听课、评课的过程，是教师在互动中获取经验、自我提高、共同发展的过程。听课、评课是促进教师教学观念更新、教学经验交流、教学方法探讨、教学艺术展示、研究成果汇报、教学水平提高等的重要途径和主要手段。可以说，听课、评课是教师提升教学素质，提高课堂教学水平最有效的途径。因此，目前听课、评课是中小学教师不可或缺的教研活动。

一、听课

什么是听课？听课是一线教师或教学研究者凭借眼、耳、手等感官和有关的辅助工具（记录本、调查表、录音录像设备等），直接地（或间接地）从课堂情景中获取相关信息资料的过程，是一种从感性到理性的学习、评价及研究的教育教学方法。通常情况下，我们将听课分为检查型听课、评比型听课、观摩型听课和研究型听课四种类型。当然，这种分类不是绝对的。对于一线教师来说，观摩型听课是最常见的，也是提高一线教师业务水平最快速、有效的一种听课类型。观摩型听课是为了学习、总结、推广、交流教学经验和方法等进行的有组织的听课活动。观摩型听课主要有公开课、示范课、展示课等形式。

那么，作为一线教师，我们应该怎样听课呢？

（一）听课前要有一定的准备

教师的听课，往往听的是公开课、展示课、示范课等。多数情况下，教师听课的过程是一种向同行观摩、学习、取经的过程。可能有的教师认为，作为听课者不需要上课，只需要去认真听课就可以了。但是，作为一名老教师，多年的听课经验告诉我，听课绝不是一件很轻松的事，要想在听课中有更大的收获与提高，在听课之前，你一定要做些准备，做到有备而来。

首先，听课前自己先备课。通过备课，明确自己如何上这一节课，包括该怎么设计教学，教学的重点、难点是什么，打算采取什么样的教学方法……因为只有经过备课，听课时才能够知道开课教师的教学设计与你的教学设计有什么区别，开课教师课堂教学设计、课堂教学过程哪一方面处理得比较巧妙，哪些地方值得学习借鉴，你自己备课时有哪一点是没有考虑到的……所以，只有在听课前认真备课，听课才更加具有针对性，对业务水平的提高才更加有帮助。

其次，尽可能地提前了解开课教师的基本情况。俗话说“外行看热闹，内行看门道”。能够在一定的范围内开公开教学展示课，这位开课教师的教学、教研能力应该是不错的。提前了解开课教师的特色、长处，有利于听课过程中有针对性地观察学习，同时也能在听课后的评课环节中，更客观地评价开课教师的上课表现。

此外，每所学校都会经常组织一定规模的公开课、比赛课等教学活动，因此，教师也经常会有校内公开课的听课学习机会。这样的校内听课，所听的课很可能不是自己任教的学科课程。如果听课前不做任何准备，带着听课记录本就去听课，很可能会因为听课学科与你任教学科不同，把握不了该学科的教材编排意图和知识体系，找不到教材内容的重难点，导致无法理解开课教师每个教学环节设计的目的和意义。这样的听课，就很难从别人的公开课里汲取到有价值的东西，因而对提高教学水平帮助不大，更不能让你准确、中肯地评价开课教师的教学情况。一般遇到校内的、不是地理学科的听课，我都会上网搜索关于我即将要听的这节课的两三个课件和两三篇教案，先大致了解一下这节课的教学内容、重难点，以及大家普遍使用的教学方法，力争在对这节课有所了解的情况下去听课学习。如此一来，在完成学校听课任务的基础上，也有业务方面的提高。

总之，无论哪一种类型的听课，听课前一定要有准备。这样会使你的听课效率提高，业务水平提升更快。

（二）听课中要认真观察和记录

1.记录课堂教学过程中各个教学环节

重点看课堂结构的条理性、合理性和规范性。看新课如何引入，看教学流程怎么安排，看课堂教学中有没有复习反馈、作业布置……同时，记录每一个教学环节的时间分配，看开课教师不同教学环节时间利用的合理性和有效性。

2.记录重点、难点知识的讲授过程

主要看重点内容的讲授技巧、难点内容讲授突破的方法和效果。

3.记录教学方法和学习方法

重点看教学方法的多样性和创新性。

4.记录板书

重点看板书的准确性、科学性、启发性、整体性和美观性等。

5.记录练习设计和扩展的教学内容

重点看内容的针对性和必要性。

（三）听课中要关注的点

教师作为地理课堂教学的引导者、组织者、合作者，听课时要关注以下几个方面。

1.课程目标

看开课教师是否基于《课标》，根据教学内容和学生学情确定教学目标，看教学目标的阐述是否准确、合理，看本节课课堂教学中教学目标设计与课程目标达成情况。

2.教材的使用情况

看开课教师课堂教学过程中，是依托教材还是脱离教材？是不是紧扣本节课教材确立的重点、难点？开课教师有没有根据教材教学内容，创造性地挖掘学生生活中的有关资源来对教材内容进行补充、拓展？针对地理教材时效性不够强的特点，教师有没有主动去寻找相关的最新的数据资料？例如：目前沪教版初中地理教材中关于我国人口的数据，依然是2010年第六次人口普查的数据，事实上，2021年5月11日，第七次全国人口普查结果已经公布，全国人口共141178万人。

3.教学组织

看开课教师在上课过程中，能不能创设有利于引导学生主动学习的课程实施教学环境，提高学生自主学习、合作交流、分析和解决问题的能力；看开课教师课堂教学过程中，能不能通过自己的精心设计，组织学生充分地参与、体验、合作、探究等，引领学生积极地参与课堂教学学习过程。

4.教师的课堂智慧

这里主要关注的是教师的课堂驾驭能力和灵活应变能力。主要看课堂教学过程中，“节外生枝”时开课教师能不能灵活处理；学生给出意料之外的答案，开课教师能不能及时、准确而机智地评价反馈。需要提醒的是：新教师开课，本身对教材熟悉程度不够，加上大多数人上公开课都会紧张，如果学生问的问题没有提前预设到，或者问的问题与教材无关，一定要镇定，不要慌乱，可以以此为契机表扬学生善于发现问题，然后把这个问题布置为课后作业，让学生共同讨论，寻找答案。把问题推到课下，这样的救场措施也算是教学的小智慧。

5.课堂教学评价

看开课教师课堂授课结束以后的复习提问和作业布置等，一看有没有这个教学环节，二是看评价方法、策略和内容是否得当。

6.教师的教态等

看上课过程中，开课教师课堂教学是否有激情，教态是否亲切自然，语言表达是否规范简练……

此外，新课改的背景下，一线教师听课应做到听与看的有机结合：从单一地听开课教师的“讲”，变为在听课的同时看听课学生的

“学”。因此，听课者需要观察本节课学生主体作用的发挥情况，主要看以下几个方面：

看课堂上学生的学习气氛。从整体上看，一节课课堂学习气氛是积极活跃还是消极沉闷？学生是积极主动参与课堂教学还是消极应对（课堂上做小动作，开小差等）？

看学生课堂教学活动的参与度。主要看这一节课中，整个班级的绝大部分学生是否主动积极参与？是否有个别学生，因被教师点名回答问题而被动、消极参与？

看学生地理课的学习效果。一节课的学习效果，我们可以从学生课堂回答问题的内容和质量、学生地理学习的兴趣表现等方面来看。例如，是不是大多数学生都能理解并且运用所学的地理知识与技能？

看学生日常上地理课的状态。学生日常学习地理的状态是可以在一节地理公开课中表现出来的。一节课课堂上学生的地理思维状况，回答问题的质量，读地理图表的言语表达，师生间、生生间的互动交流，既可以看出一位地理教师日常教学工作的常态，也可以看出学生日常上地理课的状态。

（四）听课后的思考和整理

教师在听课后要积极思考、整理和归纳。主要包括整理听课记录；思考听课中的疑惑点，做好评课的相关准备；撰写评课材料。

二、评课

什么是评课？评课，顾名思义，即评价课堂教学，是在听课活动结束之后的教学延伸，是听课以后，对执教教师的课堂教学的得失、成败进行评议的一种活动。评课，无论是对上课者，还是对听课者，都是一个提高课堂教学水平的好活动。在当前新课改的背景下，客观、公正、科学地评价课堂教学，对探讨课堂教学规律、提高课堂教学效率、促进学生全面发展、促进教师专业成长、深化课程改革都有着十分重要的意义。目前，评课是教学、教研工作过程中一项经常开展的活动。评课的类型也很多，有同事或同行之间互相学习、共同研讨的评课，有学校领导诊断、检查教学质量的评课，有上级专家鉴定或评判的评课，等等。

俗话说“趁热打铁”，对于一线教师同事、同行间学习取经的听课之后的评课，最好及时。在刚刚听完课，印象最深刻的时候及时评课，是最有效果的。

同行间教师评课应该遵循以下几个原则：

实事求是原则。这要求评课者能实话实说。评课对执教者和听课者都是一个学习借鉴的机会。只有本着客观公正、实事求是的原则，评课才有实际意义。当然，实话实说也应讲究说话的艺术，评课时说话要注意讲究方法和策略。

坦率诚恳原则。评课者要站在执教者的帮助者、促进者的角度来分析考虑问题，给执教者一个中肯、有参考价值的评价意见。

突出重点原则。评课要突出重点，无关紧要的客套话尽量少说、不说。比如，一节课中哪些地方很有特色，哪些地方需要改进，要言简意赅、突出重点。

那么，我们应该怎样具体评价一节地理课呢?

（一）从教学目标上评价

课堂教学目标是教学的出发点和归宿。教学目标的正确制定和顺利达成，是衡量一节地理课上得好的主要参考指标。因此，评价一节地理课，首先要评价这节课的教学目标。

从教学目标的制定来看，要看教学目标的制定是否全面、具体、适宜。全面，指能从知识、能力、情感等几个方面来确定。具体来说，知识目标要有可操作、可检测的描述，如“读图说出我国东部四大临海的名称”等；思想情感目标要有明确要求，体现学科特点，如培养学生爱护环境的意识等。适宜，指上课教师确定教学目标，能以《课标》为指导，体现年级、单元教材特点，符合所教学生年龄实际认知基础，难易适度。

从教学目标的达成来看，要看教学目标是否明确地体现在每一个教学环节中，教学手段是否都紧密地围绕目标，为实现目标服务。要看课堂上是否尽快地接触重点内容，重点内容的教学时间是否得到保证，重点知识和技能是否得到巩固和强化等。要看能否充分联系学生已有的知识，进行分析和推理，利用形象生动的比喻，把学生难以理解的知识简单化讲解。对于难点知识，要看教师上课过程中，是否根据学生的实际认知水平和生活经历，列举生活实例，创设课堂学习情境，深入浅出地加以讲解，促进学生的课堂学习。

（二）从教材组织处理上评价

看上课教师对教材的理解和把握是否准确科学。地理教材是教师向学生传授地理知识的重要载体。地理教师在使用地理教材上课时，不能“眉毛胡子一把抓”，应该做到主次分明、重点突出。看教师在教材处理和教法选择上是否突出了重点，突破了难点，抓住了关键；看组织处理教材是否灵活巧妙，能否系统地、有条理地梳理地理教材，由繁到简地呈现教材内容。

看挖掘和拓展教材的深度和广度是否适宜。在新课改的教学形势下，地理教材是教师进行课堂教学的重要素材。《课标》要求教师要灵活地运用和使用教材。教师在备课过程中，在认真分析教材的同时，要挖掘和拓展教材的深度和广度。因此，教师备课时，应积极查阅与本节课教学内容相关的知识信息，将其与教材内容有机地融合，从而促进学生对地理知识的学习。

（三）从教学程序上评价

1.看教学思路设计

教学思路是教师课堂教学的脉络和主线，它是根据教学内容和学生认知水平两个方面的实际情况设计出来的。它反映教者一系列教学措施：怎样编排组合，怎样衔接过渡，怎样安排详略，怎样安排讲练等。教师课堂上的教学思路设计是多种多样的。为此，我们评教学思路要看以下几个方面：看教学思路设计符合不符合教学内容实际，符合不符合学生学情实际；看教学思路设计是不是有一定的独创性，能不能给听课者耳目一新的感受；看教学思路的层次、脉络是不是清晰；看教师在课堂上教学思路实际运作的效果；等等。

2.看课堂结构安排

教学思路与课堂结构既有区别又有联系。教学思路侧重教材的处理，反映课堂教学纵向教学脉络；而课堂结构侧重教法设计，反映教学横向的层次和环节，是指一节课的教学过程各部分的确立，以及它们之间的联系、顺序和时间分配。课堂结构也称为教学环节或步骤，主要包括导入、讲授、活动、互动、反馈、总结等。课堂教学各环节时间分配是否合理，过渡是否自然流畅，衔接是否紧密，直接影响教学效果。教师只有精心设计教学环节并巧妙连接，合理选择过渡语言，才可以收到预期的效果。否则，随意性的课堂教学，有可能会出现思路混乱的现象，直接影响教学效果。因此，课堂结构的不同，会产生不同的课堂教学效果。可见课堂结构设计是十分重要的。一般说来，结构严谨、环环相扣、过渡自然、时间分配合理、难度适中、效率高的一节课，才是一节好课。

（四）从教学方法和手段上评价

评价上课教师教学方法、教学手段的选择和运用，是评课的又一重要内容。

1.教学方法的评价

教学方法，就是指教师在教学过程中，为完成教学目的、任务而采取的教学活动方式的总称。常见的地理课堂教学方法有讲授法、讨论法、直观演示法等。

教学有法，但无定法，贵在得法。选择的教学方法要适合学生的学习。教学活动的复杂性决定了教学方法的多样性。教学方法最忌单调死板，再好的方法天天照搬，也会令人生厌。所以评课，既要看教师是否能够依据课堂教学实际恰当地选择教学方法，同时还要看教师能否在教学方法多样化上下功夫，使地理课堂教学不再一成不变，而是有一定的创新。课堂教学不仅要把地理知识教授给学生，而且要想方设法教授学生学习地理的方法。

2.教学手段的评价

现代教学呼唤现代教学手段。“一支粉笔，一本书，一块黑板，一张嘴”的陈旧、单一的教学手段早已成为历史。今天的评课，还会关注教师教学方法与手段的运用，尤其要关注教师教学过程中现代教学信息技术手段的运用。因此，评价一节课，我们还得看教师是否适时、适当地运用多媒体等现代教学手段来促进地理课堂教学，以及教师使用现代教学手段的过程是否熟悉、顺畅。

（五）从教师教学基本功上评价

教师的教学基本功，是教师上好课的一个重要方面，因此，评课还要看教师的教学基本功。通常，教师的教学基本功包括板书、教学语言、教态三个方面的内容。

1.板书

一节好的地理课课堂板书，首先，要设计科学合理，依纲扣本；其次，要条理清晰、言简意赅；最后，要字迹工整，给人以美的观感。

2.教学语言

教学也是一种语言的艺术。教师的语言，有时关系到一节课的成败。教师的课堂教学语言，首先，要说普通话，要准确清楚，语言简练，生动形象，有启发性；其次，教学语言的语调要高低适宜，快慢适度，抑扬顿挫，富于变化；最后，要关注教师对学生回答问题的评价语言，是笼统、含糊其辞，还是分层评价、有针对性地点拨，是否对学生的回答有建设性的反馈。

3.教态

教师课堂教学的教态主要关注以下内容：仪表是否端庄，举止是否从容，态度是否热情，站姿步姿是否得当等。这就要求教师要衣着得体，落落大方，面带微笑。教师的微笑会给学生无声的鼓励，使课堂气氛更融洽。教师过度紧张时，也可以用微笑来掩饰。上公开课时，教师一定要注意站姿，要站得笔直挺拔，给学生传递出自信、稳健的信息，切不可双手一直按在讲台上，这样会让听课者觉得教师不自信、离不开教案。讲课时，教师不能一直站在某个地方不动，也不要频繁走动，以免分散学生注意力，而是应该适当走动，步子也要快慢适中。

（六）从学法指导上评价

首先，要看教师课堂教学中学法指导的目的要求是否明确，看教师能不能通过课堂教学活动，帮助学生学习地理知识及规律、端正学习地理的动机、激发学习地理的兴趣、掌握地理科学的学习方法、养成良好的学习习惯，逐步提高地理学科学习能力，有效地提高学习效率。

其次，要看教师在教学过程中是否创设了良好的问题情景，强化问题意识，激发学生的求知欲；是否注意挖掘学生潜在的能力，并加以引导；是否培养学生敢于独立思考、敢于探索、敢于质疑的习惯；是否培养学生善于观察的习惯和心理品质；等等。

（七）从教学效果上评价

1.学生课堂学习状态的评价

学生课堂学习状态的评价，主要看教师课堂教学中，能否充分激发学生在课堂教学活动中的主动性和积极性。一节课中，学生是否集中精力听课，学生是否喜欢这节课，学生学习思维是否活跃，课堂教学气氛是否热烈，师生之间、生生之间是否有多项多边的有效互动……

2.学生课堂学习效果的评价

学生课堂学习效果的评价，主要是看经过这一节课的学习，不同程度的学生是不是在原有基础上都有所进步；看课堂教学有效时间的长短；看学生是否能从生活中感知、从整理收集的信息中发现地理学科知识规律；看学生是否能用所学知识分析、解答生活中的实际问题，以及在学习活动中创造性思维开发的水平。

教学效果的评价，有时也可以借助课堂测试的方法，评价学生知识点的掌握情况，尤其是有关教育管理部门的教育督导听课。当一节课上完，评课者出题，当堂以考试的形式了解学生对本节课知识的掌握情况。然后，根据考试成绩对课堂教学效果做出相应的评价。值得注意的是，评价不仅要关注学生的学业成绩，而且要善于发现、发展学生多方面的潜能。

综上，听课、评课是专业性很强的教学研究活动。在以后的教学听课、评课实践中，我们要加强理论学习，不断反思，才能更好更专业地听课、评课，才能更好地促进教师的专业化发展。

谈地理试卷的编拟

通常情况下，初中阶段地理学科的期末考试试题都是各个学校自己组织命题的。所以，在每个学期临近期末考试的时候，学校很可能会要求任课教师编拟出一份期末考试卷。对于一些职初地理教师来说，每当临近期末的时候，感到最为难的很可能就是编拟出一份地理期末考试卷了。编拟期末考试卷的目的是考核学生一个学期以来对本学科知识学习和掌握的情况。实际上，这也是对地理任课教师业务水平的一种考核。从试卷知识点的覆盖度高低、学生考试分数的平均分分值和学生分数值分布状况等，大体上就可以看出一名任课教师对该学科课程知识以及学生掌握学科知识程度的把握情况。因此，编拟试卷是一门技术活，一份高质量的地理试卷可以体现出一位地理教师良好的专业基本功。

那么，作为一名年轻的地理教师，如何更好地编拟一份试卷呢？

一、编拟试卷的前期准备

1.明确考试的性质、时间

初中阶段最常见的考试就是学期期末考试了。期末考试，我们需要考查学生一个学期地理知识学习和掌握的情况。地理期末考试时间的长短，一般由各个学校教务处根据学校安排自行决定。一般来说，上海市初中阶段的地理学科期末考试时间为四十分钟或者一个小时。题量设计可参照上海市初中地理学业水平考试试卷。

以此类推，高中地理教师在编拟高一期末考试卷、高一地理合格考试卷的时候，要参照上海市高中地理学业水平考试的时间、题型、题量，结合自己教学情况，编拟试题；如果是高二地理期末考试，就在上面的基础上，参考上海市高中地理等级考的时间、题型、题量编拟试卷。

2.确定考试题目的类型

期末考试题目类型的确定要以不同阶段的学生水平和即将要参加的省级或者国家级考试的试卷题型为参照。如上海市初中阶段的学生，在六、七年级的地理课学习结束以后，要参加上海市初中地理学业水平考试。因此，上海市六、七年级的学生地理学科期末考试卷的题型，应该与上海市初中地理学业水平考试的试卷题型相一致：以单项选择题与读图分析题为主。

以此类推，高中地理教师可以参照上海市高中地理学业水平考试的试卷题型，编拟高一地理期末考试卷；参考上海市高中地理等级考的题型，编拟高二地理期末考试卷。

3.确定考试考查的内容

地理教师要编拟一份好的期末考试卷，一定要认真钻研地理教材和《地理学科教学基本要求》，准确掌握期末命题标准。因此，地理教师编拟试卷时，要做到：认真研读本学期地理教材内容、《课标》和《地理学科教学基本要求》；着重关注本学期教学内容，包括每一个章节主要知识点的学习层次（记忆、理解、应用等）；关注知识点的重要性等级（了解、熟悉、掌握、熟练、拓展、延伸等）；还要考虑自己学校学生的实际学习情况。

二、编拟地理试卷的原则

一般说来，地理试卷的编拟应该遵循以下几个基本原则：科学性原则、基础性原则、适切性原则（学生发展为本的原则）。

1.科学性原则

科学性原则是任何学科在教学中都必须遵循的重要原则之一。地理学是一门综合性很强的学科。地理教师只有在教学中讲究科学性，才能正确阐述各种地理现象、地理事物之间的关系，准确揭示各种地理事物发展规律，才能从根本上调动学生学习的主动性和积极性。因此科学性原则是编制地理试卷需要遵循的首要原则。科学性是保证试卷质量的根本，关系到试卷编制的成败。试题设计必须在与考试大纲要求相一致的基础上，力图做到试卷结构合理，试题内容科学严谨，试题文字简洁规范，试题答案准确。

2.基础性原则

2021年8月30日，教育部办公厅颁发了《关于加强义务教育学校考试管理的通知》。该通知强调："义务教育学校考试面对的是未成年学生，主要发挥诊断学情教情、改进加强教学、评价教学质量等方面的功能，除初中毕业生升高中考试（学业水平考试）外，其他考试不具有甄别、选拔功能。"而我们地理学科期末考试，考查的对象是义务教育阶段六、七年级的学生。这就要求我们在编拟地理试卷时，要遵循基础性原则。考试注重对学生地理基础知识与基本技能的考查，主要包括学生对地理位置、地理概念、地理特征、地理空间分布、地域差异等方面的理解，以及学生能否在具体情境中合理应用地理知识的能力。所以，我们编拟初中地理试卷的时候，不能出偏题、怪题，试题的难度和比例要适当合理。

高一地理的合格考，也不具有甄别、选拔的功能。因此，高一地理期末考试卷也应遵循基础性原则。而高二年级的学生要参加上海市高中地理等级考，这是国家选拔人才的考试。因此，高二地理期末考试试卷的编拟，需要在重基础的前提下，有一定的能力题，这样才有区分度。

3.适切性原则（学生发展为本的原则）

为了落实2021年教育部办公厅颁发的《关于加强义务教育学校考试管理的通知》，我们在编拟地理试卷时，应该遵循适切性原则，即学生发展为本的原则。以减轻学生过重的课业负担为准则，期末考查尽可能减轻对学生记忆类知识点的考查。考试内容和要求要与课程标准、考试说明规定的内容相一致，不能超纲，同时也要密切联系学生生活实际、时事热点问题，让学生以轻松、愉快的心情完成考试。

三、编拟试卷的“三步走”

我个人建议，职初地理教师编拟试卷时，可根据教师教龄的长短和教学经验的积累状况，分三步走：

第一步：“拷贝不走样”。

对于一名刚刚工作的职初地理教师，编拟试卷时可以先把一个学期的知识点罗列出来，再结合地理学业水平考试卷中的题目类型，做一份编拟地理试卷的双向细目表，然后根据双向细目表，从近几年的学业水平考试卷里寻找适合本学期的题目，拼接、组合成一套试卷。通过这样“拷贝不走样”的方式编拟试卷，可以避免试卷出现学科知识性错误、知识点覆盖度低、学生地理成绩太高或者太低等现象。

第二步：“照葫芦画瓢”。

随着专业发展水平逐渐提高，地理教师对地理教材、对学生掌握地理知识的情况有了一定的把握能力，可以在“拷贝不走样”的基础上，再根据学生的具体情况，对学业水平考试卷里的题目稍作改变，“照葫芦画瓢”编拟试卷。第一种，改变题目中涉及的知识点。例如，原题给出的是非洲、北美洲、南极洲、南美洲四大洲的轮廓图，让学生选出表示北美洲的轮廓图，考查学生对各大洲的认识。我们就可以稍做改变，将提问改为“表示非洲的是”或“表示南美洲的是”。第二种情况，改变相应的章节内容。以沪教版地理六年级第一学期考点为例，地理学业水平考试中考得比较多的是关于日本、印度等国家的知识。我们可以在期末考试中，参照地理学业水平考试中关于日本、印度的考题，考一考关于俄罗斯、巴西等国家的知识。

第三步：自主创新，编拟题目。

随着工作时间的进一步延长，教学经验的不断积累，地理职初教师可以在前面两步的基础上，根据自己的教学内容，结合学生的实际情况，试着自主创新，编拟题目。

《课标》中关于地理学习的过程与方法强调：

1.通过各种途径感知身边的地理事物和现象，积累丰富的地理表象；初步学会根据收集到的地理信息，通过比较、分析、归纳等思维过程，形成地理概念，归纳地理特征，理解地理规律。

2.运用已获得的地理基本概念和地理基本原理，对地理事物和现象进行分析，做出判断。

3.具有创新意识和实践能力，善于发现地理问题，收集相关信息，运用相关知识和方法，提出解决问题的设想。

4.运用适当的方式、方法，表达、交流地理学习的体会、想法和成果。

这就要求我们，在编拟地理试卷的时候，要联系学生的生活实际，考查学生的地理知识运用能力。这样的话，在制定好地理双向细目表的情况下，结合地理时政编拟地理试卷会是一种有效的方法。所以，在工作和生活中，我们地理教师要做一个有心人，关注与地理知识相关的时政热点。然后，从相关事件中，找出蕴含的地理知识和原理，编拟题目。例如，2021年6月，中共中央、国务院公布了《关于支持浙江高质量发展建设共同富裕示范区的意见》。这是以习近平同志为核心的党中央把促进全体人民共同富裕摆在更加重要位置而做出的一项重大决策，充分体现了党中央对解决我国发展不平衡不充分问题的坚定决心，为浙江高质量发展促进共同富裕提供了强大动力和根本遵循。从初中地理学习的角度，我们可以考查浙江省位于上海市的什么方位，浙江省的简称是什么，浙江省级行政中心是哪个城市，浙江省的自然条件有什么优越性等。高中地理可以以此为背景材料考查浙江省的区位条件，如自然因素（资源、气候、地形、地理位置等），人文因素（政策、交通、劳动力、技术、市场、人才等），还可以从浙江省与长三角一体化发展等角度编拟题目。

关于编拟试卷，最后我想补充说明的是，编拟出的试卷是用来检测学生学习效果的，所以，编拟试卷是一件慎之又慎的事情。一份试卷要出得好，一般要达到以下有关要求：试卷内容科学性、准确性要高，不可以有学科知识性错误；知识点的覆盖率要尽可能高，不可以有偏题、怪题；试卷的难易度要适中，平均分不可以过高或过低……

我曾经花了接近三个月的时间出了一份模拟考试卷——2008年初中学业水平考试模拟卷。我编拟这份试卷经历了以下六步。第一步：分析有关考试近三年全真卷的知识点的数量、分布。第二步：制定命题双向细目表。第三步：看自己记录的地理新闻摘要，分析当年的时政新闻，看看哪些时政新闻可以联系地理学科的考点，看看哪些涉及知识点多的时政新闻可以作为地理时政题情境资源。最终，我选择了奥运圣火的相关内容：2008年北京时间5月8日上午9点17分，北京奥运圣火在世界之巅珠穆朗玛峰点燃！圣火耀珠峰的盛景终于呈现在世人面前！来自奥林匹亚的圣火登上了世界最高峰，中国书写了奥运史上的一个奇迹！这一时政新闻涉及的知识点比较多：海拔高度、相对高度、时区与区时、高原山地气候的特点、板块运动等。第四步：开始编拟试卷。第五步：试卷编拟好之后，初步审核整个试卷分值、文字和图表，看有没有明显的错误并及时改正。第六步：打印一份试卷仔细检查，确认无误。一切妥当后，开始编写答案及评分标准。接下来，一直到要交试卷，只要有时间就审核、斟酌，力求试卷的编拟能够达到自己的最好水平。当然，这个过程一定要注意试卷内容的保密。经过长时间斟酌、推敲完成的这份试卷得到了相关领导、师生的高度评价。

教案撰写示例

示例一　独占一块大陆的国家——澳大利亚

（一）教材与学情分析

1.教材分析

“独占一块大陆的国家——澳大利亚”是沪教版地理六年级第一学期“世界分国篇”中最后一个要学习的内容。首先，教材中本节课的内容没有面面俱到，而是通过几个非常有趣味的标题，如“骑在羊背上的国家”“坐在矿车上的国家”等，来体现澳大利亚的自然环境及经济发展等一些突出特征，因而教材本身能够很好地引起学生探究的兴趣、激发学习的欲望。其次，教材把澳大利亚的养羊业、矿产业等与自然环境的关系作为贯穿这一节的主线，为培养学生探究各地理事物间的相互关系创造了条件。

2.学情分析

六年级的学生，虽然在此前几个国家的学习中，已经初步学习了从各种图表中进行简单提取、分析、归纳地理信息的方法，基本掌握了学习国家地理的一般方法和步骤，但是，由于学生生活阅历浅、知识面窄、地理学习时间短等，学生地理专业的理论知识与素养还相对比较欠缺，对某些专业性强的知识的理解有一定的难度。

（二）教学目标

1.知识与技能

（1）能够读图说出澳大利亚的首都等主要的城市，濒临的大洋，地形区的名称，主要矿产资源的名称及其大致分布地区，等等。

（2）知道澳大利亚是独占一块大陆的国家。

（3）知道澳大利亚是一个地广人稀的移民国家。

（4）知道澳大利亚大陆许多物种具有古老而独特的特点，并且能够思考其原因。

（5）知道澳大利亚养羊业高度发达，并且能够在教师的指导下，说出澳大利亚适合养羊业发展的主要自然条件。

（6）知道悉尼是澳大利亚最大的城市，并且识记其标志性人文景观——悉尼歌剧院。

（7）能够举例说出一些澳大利亚著名的旅游景点，例如大堡礁、艾尔斯岩石等。

2.过程与方法

（1）通过阅读教材和学案中的资料，理解澳大利亚保存大量古老生物的原因。

（2）通过完成学习单，初步分析澳大利亚大部分地区气候干旱的地理特点，了解适合发展养羊业的主要自然条件，理解大自流盆地地下水丰富的基本原理。

（3）通过阅读“澳大利亚矿产资源分布”图，探究澳大利亚主要矿产品种的名称及其分布。

（4）通过阅读课文、听课、观看视频等教学过程，感受澳大利亚是一个风景优美的国家。

3.情感态度与价值观

（1）通过分析澳大利亚保存大量特有物种的主要原因，树立保护野生动物的思想意识和可持续发展的理念。

（2）通过对澳大利亚的养羊业、矿产业等相关自然条件的分析，初步认识经济发展与自然条件的关系。

（3）通过对大堡礁、艾尔斯岩石等著名旅游景点的学习，提高地理学习和探究的兴趣。

（三）教学重、难点

1.教学重点

（1）澳大利亚多古老生物的特点及其与所处地理位置的关系。

（2）澳大利亚高度发达的养羊业、矿产业等与自然条件的关系。

2.教学难点

（1）澳大利亚有独特古老生物的原因。

（2）澳大利亚养羊业、矿产业等与自然条件的关系。

（四）教法分析

教材中，由于篇幅限制，有些知识的阐述对于六年级的学生来说略显笼统，再加上学生地理专业的原理性知识还比较薄弱，因此教师讲授起来有一定的难度。本节课我借助学案给学生提供一些背景信息，有助于培养学生从材料中探寻有用信息的能力，也有利于学生拓宽视野、相对全面地掌握课本知识。

教学内容方面：结合本节课教材知识的特点，我决定把上课的内容稍作调整。澳大利亚“干旱面积广”这一部分内容，我没有单独列出来，而是把它放在“骑在羊背上的国家”中一起讲解。我另外加了三个标题，即“地广人稀的移民国家”“风景优美的国家”“特有物种最多的国家”。“特有物种最多的国家”一句话源自地理教材第87页“澳大利亚大陆是地球上特有物种最多的一个大陆”。我把“海上城堡”与“悉尼”这两部分内容放在一起，与2010年中国上海世界博览会期间澳大利亚馆外形所模仿的艾尔斯岩石一起介绍，概括为“风景优美的国家”来展开学习，引导学生关注澳大利亚旅游业的发展与自然环境的关系。

（五）教学过程

教学环节及内容	教师活动	学生活动	设计意图
创设情境，引入新课	出示袋鼠、考拉的图片，提问：它们来自哪一个国家	思考并说出袋鼠、考拉的故乡——澳大利亚	情境引入

续　表

教学环节及内容	教师活动	学生活动	设计意图
独占一块大陆的国家	出示澳大利亚国旗的图片并提问其含义； 出示世界政区地图； 出示澳大利亚的地形图，提问澳大利亚的领土组成	思考分析澳大利亚国旗的含义； 读图说出澳大利亚的半球位置以及澳大利亚濒临的两个大洋的名称； 思考分析澳大利亚是独占一块大陆的国家	开拓视野，提高兴趣； 通过读图掌握澳大利亚的位置，培养思考分析的能力
地广人稀的移民国家	出示领土面积居世界前6位的国家地图，提问澳大利亚的面积、人口数； 对比说出中国上海市的大约人口数	读出澳大利亚领土面积及人口，感悟澳大利亚是地广人稀的移民国家	培养从地理图表中获取知识的能力

续 表

教学环节及内容	教师活动	学生活动	设计意图
特有物种最多的国家	出示鸭嘴兽、鸸鹋等动物的图片，强调它们的共同特点——独特而古老，提问：为什么澳大利亚有这么多独特而古老的动物？ 教师出示给学生相关信息。例如：澳大利亚的动物保护的事例	静听思考； 利用课本与学案上的内容进行分析、解答； 阅读、回答问题	把握关键知识点； 培养从课本与资料中获取知识的能力； 培养人与自然和谐相处的理念
骑在羊背上的国家	出示学案并布置学习任务； 补充资料阐明澳大利亚养羊业发达； 引导学生分析澳大利亚养羊业发达的原因； 出示澳大利亚农牧业分布图，引导学生读图	利用学习单，看图、思考、回答，完成学习任务； 填写学习单内容并归纳、分析澳大利亚养羊业发达的原因； 读图、静听识记	培养从地理图表中获取知识能力； 开拓视野、归纳、分析； 对农业有相对全面的认知

续　表

教学环节及内容	教师活动	学生活动	设计意图
坐在矿车上的国家	出示“澳大利亚主要矿产分布”图和澳大利亚发达的矿产业资料	读图说出主要矿产品种的名称及其分布地区； 学习识记、识图回答	提高从材料中获取信息的能力，提高读图能力
风景优美的国家	出示上海世博会澳大利亚馆的图片并提问； 出示艾尔斯岩石的图片并讲解有关知识； 播放有关大堡礁的视频并提问大堡礁的位置； 出示悉尼歌剧院的图片并提问景观的分类； 设计“猜一猜”的活动； 提问城市的分布规律	回答、识记； 欣赏有关大堡礁的视频； 读图识记珊瑚礁的图例，回答、识记大堡礁的位置； 回答问题并阅读教材第91页有关澳大利亚最大的城市——悉尼的内容； 分析判断，思考回答	情境引入，提高兴趣； 开拓视野，提高地理学习的兴趣与读图能力； 复习地理景观知识，识记有关悉尼的知识

续　表

教学环节及内容	教师活动	学生活动	设计意图
课堂小结	组织学生一起朗读黑板上的板书内容； 出示有关本节课的练习题目	朗读黑板上的板书内容； 思考回答	巩固强化
作业布置	布置课后作业	完成《地理练习部分》第 31 页第一、第二两题，课后思考探究	巩固强化，拓展探究

（六）板书设计

澳大利亚

独占一块大陆 地广人稀 特有物种最多 骑在羊背上 坐在矿车上 风景优美	的国家

示例二　沪宁杭地区

（一）教材与学情分析

1.教材分析

“沪宁杭地区”是沪教版地理七年级第二学期教材中的内容。教材中关于沪宁杭地区的主要内容包括“河海相通、位置优越”“经济发达”“上有天堂，下有苏杭”这三部分。这是该学期“中国区域篇”必修部分中的又一个跨省级的经济区。沪宁杭地区工农业生产水平居全国领先地位，是我国经济实力最强的经济核心区，是因地制宜发展经济的良好案例。这也是建构地理学科核心素养中人地协调观的一个良好载体。

2.学情分析

学生经过近两年的地理学习，具备了一定的图文阅读、描述分析等能力，对我国工农业的发展及其地区差异等也有了一定了解。值得一提的是，我们学校是上海市城市化过程中，从农村学校转变为城镇学校的地区，部分学生的学习能力、学习基础一般。

（二）教学目标

（1）能够读图说出沪宁杭地区的位置及范围。

（2）知道“人间天堂”——沪宁杭地区是我国经济实力最强的经济核心区的表现及原因。

（3）初步了解我国“长江三角洲区域一体化”战略。

（4）感悟沪宁杭地区经济发展的伟大成就，增强知我家乡、爱我家乡的情感。

（三）教学重、难点

沪宁杭地区优越的条件。

（四）教法分析

疫情期间，网络上课。上课形式的改变，使我不得不对自己的授课方式做出相应的调整。以前可以通过小组讨论，活跃课堂气氛，促进重点及难点的学习，但是现在不太方便了。有许多学生家里的网络信号不稳定，有的学生电脑没有麦克风，有的学生电脑没有摄像头等。在这样的情况下，网络上课期间，我借鉴空中课堂里教师们的授课方法，以教师的讲授为主。通过问题设计，引导学生充分利用手中的地理课本、地理图册，来进行地理学习，提高学生从图文资料中提取信息的能力。另外，通过精心设计，尽可能传授给学生系统、逻辑思维缜密的地理知识，尽可能地提高学生地理学科思维能力。

作为一名地理教师，我非常认同《初中地理教学大纲》中关于地理教学的要求：要“注意地理科学的新成果和国内外形势的发展。

地理科学研究的新成果不断涌现，国内外形势的发展变化也很快。教材编写人员和教师应根据这些新成果和形势的发展变化，及时对教学内容进行必要的补充和更新。”地理教学渗透一定的时政内容，在鲜活地理教材的同时，还可以引导学生关注国事，关注社会发展，进而培养他们与国家发展同呼吸、共命运的情感。同时，教学中适当补充一些内容，可以拓宽学生的视野，提高学生学习地理的兴趣。于是，在“沪宁杭地区”这一节课的教学中，我引入了“长江三角洲区域一体化”的内容，以提高学生对国家大政方针的认知。

新课改的理念强调学生是课堂教学活动的主体。但是，在抗击疫情的背景下，课堂教学不得不采用网课的形式。学生家庭条件不一，上网课的人多，再加上有相当多的人通过网络居家办公，网络稳定性有时候不尽如人意。根据这一情况，我的教学也做出了相应的调整，力图通过网课也能拓展学生的知识面，抓住区域地理特征，把握区域人地关系的主线，落实地理学科的核心素养。

（五）教学过程

教学环节及内容	教师活动	学生活动	设计意图
导入新课——沪宁杭地区的位置与范围	出示沪宁杭地区的地图	读图思考，说出沪宁杭地区包括上海市、江苏省南部和浙江省北部地区	引出新课，明确沪宁杭地区的位置、范围

续　表

教学环节及内容	教师活动	学生活动	设计意图
“人间天堂”——沪宁杭	介绍历史上人们眼中的沪宁杭地区； 唐朝诗人任华的《怀素上人草书歌》中有“人谓尔从江南来，我谓尔从天上来！” 唐朝诗人白居易说：“江南名郡数苏杭。” 元朝的奥敦周卿《蟾宫曲·咏西湖》中写道“春暖花香，岁稔时康。真乃‘上有天堂，下有苏杭’”，意思是春暖花开，百花芬芳，年年丰收、安康。真不愧是“上有天堂，下有苏杭”啊	静听识记	引出本节课的线索

续　表

教学环节及内容		教师活动	学生活动	设计意图
“人间天堂”——沪宁杭	优越的自然条件	出示中国地形图和中国气候类型图	读出沪宁杭地区的地理位置（位于长江中下游平原）和气候类型（亚热带季风气候），感悟沪宁杭地区自然条件的优越性	感悟学习沪宁杭地区的发展及优势
	便利的交通运输	出示沪宁杭地区的公路运输、铁路运输、航空运输等交通干线分布图	读出沪宁杭地区主要的铁路线名称、港口名称等，体会沪宁杭地区便利的交通运输条件	
	发达的农业	介绍历史上沪宁杭地区农业生产的情况，说明沪宁杭地区农产品丰富多样	静听并朗读有关内容，感悟沪宁杭地区发达的农业生产	
	发达的工业	出示沪宁杭工业基地的图片、文字	从图文信息中，探究沪宁杭地区发达的工业生产	
	“上有天堂，下有苏杭”	出示沪宁杭地区著名旅游景点的图片以及介绍其丰富旅游资源的文字	了解沪宁杭地区丰富的旅游资源	

续 表

教学环节及内容	教师活动	学生活动	设计意图
沪宁杭地区发展中的问题	讲述沪宁杭地区发展中的问题	了解目前沪宁杭地区存在着土地资源紧缺、区域环境质量下降、能源和原材料不足等问题	思考如何建构沪宁杭地区和谐的人地关系
“长江三角洲区域一体化”战略	出示图片，介绍长江三角洲的范围及国家“长江三角洲区域一体化”战略并播放有关视频	静听思考； 欣赏视频，了解国家关于“长江三角洲区域一体化”战略	初步了解“长江三角洲区域一体化”战略，增强知我家乡、爱我家乡的情感
课堂小结	出示本节课板书设计	默读思考	复习梳理
课堂检测	出题	思考回答	复习强化
布置作业	出示课后作业要求	完成《地理练习部分》第29页第一、第二题	复习巩固

（六）板书设计

沪宁杭地区

一、沪宁杭地区的位置和范围

沪宁杭地区 { 上海市 / 江苏省南部 / 浙江省北部 }

二、“人间天堂”——沪宁杭

1.优越的自然条件

▶长江中下游平原：地势平坦，土壤肥沃

▶亚热带季风气候：夏季高温多雨，冬季温和少雨

2.便利的交通运输

3.发达的农业

“鱼米之乡”，“丝茶之府”，“苏湖熟，天下足”

4.发达的工业

5.“上有天堂，下有苏杭”

三、沪宁杭地区发展中的问题

四、“长江三角洲区域一体化”战略

示例三　黄土高原地区

（一）教材与学情分析

1.教材分析

“黄土高原地区”是沪教版地理七年级第二学期教材中的内容，

是本册教材中第二个要学习的跨省区域，也是教材中重点分析的我国的一个区域特征明显的地形区。教材从黄土高原地区的位置、范围入手，接着介绍黄土高原地区严重的水土流失现状及其带来的危害，进而讨论治理黄土高原地区生态环境的具体措施。由于本节内容是初步形成尊重自然、与自然和谐相处、因地制宜的意识及可持续发展的观念，增强防范自然灾害、保护环境与资源和遵守相关法律法规的意识，养成关心和爱护地理环境的行为习惯的良好载体，因此在设计教与学活动内容时以人地关系理论为重点。

2.学情分析

学生经过近两年的地理学习，具备了一定的图文阅读、描述分析等能力，对国家工农业的发展及地区差异等也有了一定了解。值得一提的是，我们学校是上海市城市化过程中，从农村学校转变为城镇学校的地区，学生的学习基础一般，提前预习效果不理想。

（二）教学目标

1.知识与技能

（1）能够说出黄土高原的位置、范围、所涉及的主要省级行政单位的名称，知道黄土高原地表沟壑纵横的特征。

（2）能够说出三种特有的黄土高原上的地貌景观的名称并且识记它们各自的形状及特点。

（3）能够解释黄土高原水土流失严重的自然原因和人为原因。

（4）能够归纳分析治理黄土高原水土流失的措施。

2.过程与方法

（1）通过分析黄土高原水土流失的自然原因和人为原因，理解黄土高原地表沟壑纵横的成因。

（2）通过阅读课本，探讨黄土高原地区水土流失的治理方法。

3.情感态度与价值观

（1）通过本节课学习，初步形成尊重自然、与自然和谐相处、因地制宜的意识和可持续发展的观念，增强防范自然灾害、保护环境与资源和遵守相关法律法规的意识，养成关心和爱护地理环境的行为习惯。

（2）通过对中华民族古代文明的发祥地之一——黄土高原地区的学习，增强民族意识，提高文明素质，培养民族文化自信。

（3）理解习近平主席“绿水青山就是金山银山”理念的科学办法与深远意义。

（三）教学重、难点

1.教学重点

黄土高原地区水土流失的原因和危害。

2.教学难点

黄土高原地区水土流失的原因及其生态环境的治理。

（四）教法分析

疫情期间，网络上课。上课形式的改变，使我不得不对自己的授课方式做出相应的调整。以前可以通过小组讨论，活跃课堂气氛，促进重点及难点的学习的，但是现在不太方便了。有许多学生家里的网络信号不稳定，有的学生电脑没有麦克风，有的学生电脑没有摄像头等。在这样的情况下，网络上课期间，我借鉴空中课堂里教师们的授课方法，以教师的讲授为主。通过问题设计，引导学生充分利用手中的地理课本、地理图册，来进行地理学习，提高学生从图文资料中提取信息的能力。另外，通过精心设计，尽可能传授给学生系统、逻辑思维缜密的地理知识，尽可能地提高学生地理学科思维能力。

作为一名地理教师，我非常认同《初中地理教学大纲》中关于地理教学的要求：要“注意地理科学的新成果和国内外形势的发展。地理科学研究的新成果不断涌现，国内外形势的发展变化也很快。教材编写人员和教师应根据这些新成果和形势的发展变化，及时对教学内容进行必要的补充和更新。”地理教学渗透一定的时政内容，在鲜活地理教材的同时，还可以引导学生关注国事，关注社会发展，进而培养他们与国家发展同呼吸、共命运的情感。同时，教学中适当补充一些内容，可以拓宽学生的视野，提高学生学习地理课的兴趣。于是在“黄土高原地区”这一节课的教学中，我加入了黄土高原的人文特色以及习近平主席“绿水青山就是金山银山”理念引领下的黄土高原地区生态环境治理的内容。

新课改的理念强调学生是课堂教学活动的主体。但是，在抗击疫情的背景下，课堂教学不得不采用网课的形式。学生家庭条件不一，上网课的人多，再加上有相当多的人通过网络居家办公，网络稳定性有时候不尽如人意。根据情况，我的教学也做出了相应的调整，力图通过网课也能拓展学生的知识面，抓住区域地理特征，把握区域人地关系的主线，落实地理学科的核心素养。

（五）教学过程

教学环节及内容	教师活动	学生活动	设计意图
导入新课	出示我国三级阶梯地图，指出黄土高原地区	看图识记	引出课题，明确黄土高原地区的地理区位

续 表

教学环节及内容	教师活动	学生活动	设计意图
黄土高原地区的概况（位置、范围、所涉及的省级行政单位）	出示相关地图，讲解、提问：黄土高原的位置、范围，以及涉及的主要省级行政单位	听讲，读图说出涉及的主要省级行政单位的名称	知道黄土高原地区具体的地理位置，以及涉及的主要省级行政单位
黄土高原地区的人文特色	通过 PPT 课件，播放关于黄土高原地区特色人文景观图片	欣赏黄土高原地区特色人文景观图片，知道革命圣地——延安，特色民居——窑洞，特色文化——安塞腰鼓等	增强民族意识，加深爱国情怀，培养文化自信
沟壑纵横的黄土高原	展示黄土高原地貌图片，提问黄土高原地区的地表特征，介绍黄土塬、黄土墚和黄土峁三种独特的地貌景观	静听识记，思考三种黄土地貌景观侵蚀的程度差异	了解黄土高原的地表特征，认识黄土塬、黄土墚和黄土峁三种独特的黄土地貌景观

续　表

教学环节及内容	教师活动	学生活动	设计意图
黄土高原地区水土流失的原因	提问黄土高原水土流失严重的原因； 在学生回答的基础上，引导学生归纳、分析黄土高原水土流失的自然原因及人为原因； 出示黄土高原“风成说”的依据并讲解； 播放《流失》短视频	阅读课文，分析并回答：黄土土质疏松，夏季降水集中多暴雨…… 思考黄土土质疏松的原因； 结合课本第91页图片解释黄土高原地区水土流失严重的人为原因； 视听思考	培养学生阅读分析图文资料的能力； 通过对黄土高原地区是我国民族文化发祥地之一的学习，增强民族意识，加深我们都是华夏儿女的情怀； 提高学生对黄土高原地区水土流失的感性认知，为后面学习黄土高原地区水土流失的影响做铺垫
黄土高原地区水土流失严重的影响	提问，前面视频中提到的黄土高原地区水土流失的影响是什么； 讲解黄土高原地区水土流失严重的其他影响	思考回答、静听识记	训练学生从视频中探寻有效学习信息的能力； 提升知识迁移能力

续　表

教学环节及内容	教师活动	学生活动	设计意图
黄土高原地区水土流失的治理	提问黄土高原地区水土流失的治理方法	阅读地理教材第91页“山川秀美工程”相关内容，思考并回答问题	培养学生在图文阅读中，挖掘有效地理信息的能力
生态文明建设中的黄土高原地区	讲述习近平主席关于生态文明建设的思想以及“绿水青山就是金山银山”的伟大理念，并播放黄土高原地区如今的绿水青山景色	静听欣赏	理解“生态文明建设”“绿水青山就是金山银山”理念
课堂小结	播放板书设计	默读板书	复习梳理
课堂检测	出题	口头回答问题	复习强化
作业布置	出示课后作业要求	记录作业内容并在课后完成作业	复习巩固

（六）板书设计

黄土高原地区

一、黄土高原地区概况

1. 黄土高原地区的位置与范围

2. 黄土高原地区的人文特色

二、沟壑纵横的黄土高原地区

黄土塬　黄土墚　黄土峁

三、黄土高原地区的水土流失

1. 黄土高原地区水土流失的原因

自然原因 → 黄土土质疏松，夏季降水集中、多暴雨，地表坡度大，地表植被稀疏

人为原因 → 毁林毁草，陡坡开荒，过度放牧，采矿，修路等

2. 黄土高原地区水土流失的影响

▶土地肥力下降，黄河含沙量增大等

3. 黄土高原地区水土流失的治理

▶退耕还林，打坝淤地等

四、生态文明建设中的黄土高原地区

示例四　城市商业区位与城市商业中心的等级体系

（一）教材与学情分析

1.教材分析

“商业区位条件”是继“农业区位”和“工业区位”后的又一个探讨人类生产活动与地理区位条件的课题。在沪教版高中地理第二册教材中，“商业区位条件”起着承上启下的作用，它既是区位地理条件在人类生产活动中的进一步分析，又与后面将要学习的“交通运输”有着密切的联系。因为本教材中对商业区位的阐述是以城市商业区位因素为描述对象的，所以，我决定将本次开课的主题定为“城市商业区位”。此外，“城市商业中心的等级体系”这一部分内容虽然是“专栏知识”，但是我认为它与学生的生活有着一定的联系，对丰富学生有关商业的知识具有一定的意义，所以对这一部分内容也予以突出与强调，确定为本节课的另外一部分授课内容。

2.学情分析

学生前面已经学过“农业区位”和“工业区位”的相关知识，对区位的概念有了一定的了解，也初步掌握了如何利用案例来分析和探讨“区位条件”的方法。二期课改的理念要求地理教学以学生为主体，关注贴近学生生活的地理，关注促进学生发展的地理。上海市是全国最大的商业中心城市，商业发达，“商业区位条件”这一节内容比较贴近上海市学生的生活。

（二）教学目标

1.知识与技能

（1）能够说出影响商业区位的主要因素：交通、人口、地价、集聚等。

（2）知道城市商业中心有着等级体系的划分及其划分的依据，并能初步学会分析和判断某个商业中心所属的等级。

（3）能够对某一地区商业区位条件的优劣做出初步判断。

2.过程与方法

（1）通过对上海市部分商业中心（主要以徐家汇商业中心为例）商业发展条件的分析与思考，知道影响商业布局的重要因素。

（2）阅读教师展示的城市商业中心等级体系表，能够对商业中心等级体系相关知识有所了解。

（3）分析影响商业中心等级体系变化的商业区位条件。

（4）通过举例探究学习，进一步掌握和巩固有关商业区位的知识。

3.情感态度与价值观

（1）通过本节课的学习，能够对上海市的商业地位有更深刻的认识，增强学生爱家乡的情感。

（2）通过对比学习中环地区成为上海市市级商业中心前后，其商业区位因素的变化，培养学生以发展的眼光看问题的能力。

（3）通过为一家东方书报亭选址的思考与探究，培养学生辩证地看问题的方法。

（三）教学重、难点

1. 教学重点

商业区位条件和城市商业中心的等级体系。

2. 教学难点

商业区位条件。

（四）教学过程

教学环节及内容	教师活动	学生活动	设计意图
创设情景，引入新课	引导学生说出上海市商业活动比较集中的地区	说出上海市主要的商业地区	从学生生活中的地理入手
学习商业区位因素：交通	设置学习情境，对比中心城区的其他地区，引出交通在商业区位中的作用；出示徐家汇商业中心区位图，提出问题	阅读课件中徐家汇商业中心区位图，说出这里优越的交通条件；阅读教材，了解适合商业布局的交通条件	教会学生如何充分利用手中的教材、地图等资源进行学习
学习商业区位因素：人口	教师出示徐家汇地区有关的人口内容	看图、思考、回答	培养从地理图表中获取知识的能力

续　表

教学环节及内容	教师活动	学生活动	设计意图
学习商业区位因素：地价	出示上海市中心城区与市级商业中心地图，图中突出显示内环线，提问市级商业中心的分布特点	复习巩固城市土地利用空间结构知识	温故知新，学习商业区位因素之一——地价
学习商业区位因素：集聚	提问集聚的意义、集聚的形式； 介绍徐家汇地区商业集聚的状况和上海市的特色商业街	看图、阅读课文，回答问题，并识记上海市的特色商业街	提高从材料中获取信息的能力
学习商业区位因素：政策、历史	教师举例讲述、引申拓展	静听识记	学会倾听
情境引入	提问学生日常生活中的主要购物地点	举例回答	从学生日常生活中的地理入手
商业中心的等级体系	出示城市商业中心等级体系表格，并做简要分析	阅读表格，学习商业中心的等级体系，并举例说明	培养学生关注社会、关注生活的意识

续 表

教学环节及内容	教师活动	学生活动	设计意图
对商业区位因素变化的学习	出示有关上海市市级商业中心新变化的相关报道，引导学生思考	对比分析中环成为上海市市级商业中心前后的商业区位的变化	培养学生以发展的眼光看问题的能力
巩固商业区位因素的知识	设计一个为东方书报亭在学校附近选址的问题	思考讨论，回答问题	培养学以致用，辩证思考的能力

（五）板书设计

城市商业区位与城市商业中心的等级体系

一、商业区位
- 交通
- 人口
- 地价
- 集聚
- 政策
- 历史

二、城市商业中心的等级体系

（六）教学总结

通过本节课的教学，我又一次深刻体会到教师上课的时候，把课堂上需要讲的知识与学生的生活实际联系起来，可以促使学生的课堂思维与教师授课的课堂知识产生共鸣，提高学生对地理的学习兴趣。也就是说，创设与生活密切联系的教学情境，可以有效提高课堂授课效率，促进学生的地理学习。

地理课是一门兼有自然学科和社会学科性质的基础课程，具有区域性、综合性、思想性、生活性和实践性的特征。其中，“生活性”特征指地理课程内容紧密联系生活实际，突出反映学生生活中经常遇到的地理现象和可能遇到的地理问题，有助于提升学生的生活质量和生存能力。今后我们要引导学生注意观察生活中的地理现象，善于发现身边的地理问题，用所学的地理知识指导自己的生活实际，解释生活中的地理现象，探究生活中的地理问题，也就是“从生活中来，到生活中去”，从而实现地理知识的价值。

手脑并用学“政区”

《国家中长期教育改革和发展规划纲要（2010—2020年）》对一线教师的教学提出了全新的要求：教师应该创设一定的教学情境，让学生在课堂上既动手，又动脑，手脑并用学习知识。沪教版地理七年级第一学期“34个省级行政区”这一部分内容，具有相对枯燥和知识点识记量大等特点，传统的读政区图、填填充图的授课方式已经不适应时代要求，因此，在上这节课时，我尝试通过设计完成“读图”“填图”“剪图”“拼图”等一系列体验性课堂教学实践活动，让学生既动手又动脑，达到手脑并用掌握中国34个省级行政区的教学目的。

一、教学课题

34个省级行政区。

二、教学设计背景

《国家中长期教育改革和发展规划纲要（2010—2020年）》指出：“坚持能力为重。优化知识结构，丰富社会实践，强化能力培养。着力提高学生的学习能力、实践能力、创新能力，教育学生学会知识技能，学会动手动脑，学会生存生活，学会做人做事”。这对我们一线教师的教学提出了全新的要求，我们不能像过去那样，只做知识的传授者。课堂授课应该采取多种教学法，创设一定的教学情境，让学生在课堂上既动手又动脑，手脑并用学习地理知识。

“34个省级行政区”这一部分内容，不仅是学生学习中国地理的重要基础知识之一，也是中学生日常学习和生活必备的基本地理常识。由于教材中本节课的知识点具有内容相对枯燥和识记量大等特点，再加上枯燥的授课方法激不起学生的学习兴趣，因此课堂教学效果一直不够理想，学生对本部分知识的掌握也不够牢固。美国教育心理学家布鲁纳说：“学习的最好刺激，乃是对所学材料的兴趣。”依照《国家中长期教育改革和发展规划纲要（2010—2020年）》，结合七年级学生的身心特点，践行教育家陶行知先生“手和脑在一块儿干，是创造教育的开始；手脑双全，是创造教育的目的”的思想，贯彻突出“过程与方法”的新课标，我经过深入思考，决定本节课的教学不再局限于教材内容，而是尝试着通过设计完成“读图”“填图”“剪图”“拼图”等一系列体验性课堂教学实践活动，由浅入深，层层递进，多方面地调动学生的多感官学习，激发学生的积极性，通过让学生既动手又动脑，达到手脑并用掌握中国34个省级行政区的教学目的。

三、教学目标

参照地理课程目标和教材分析，结合七年级学生身心发展规律，制定本节课教学目标（采用了新课标提倡的行为目标陈述方式，突出了动词的选用，便于测量学习结果）。

1.知识与技能（结果性目标陈述方式）

（1）能够熟悉并且说出我国34个省级行政区的名称、简称和省级行政中心。

（2）能够识别一些特色鲜明（如面积最大的、面积最小的、轮廓很有特点的等）的省级行政区的轮廓形状及其地理位置。

（3）能够在我国空白政区图上准确填出34个省级行政区名称、简称和省级行政中心。

（4）能够初步形成有关我国省级行政区的“脑中地图”，即能够在脑海中对我国各个省级行政区的地理位置有一定的印象。

2.过程与方法（过程性或体验性目标陈述方式）

（1）通过认真完成“读图”“填图”“剪图”“拼图”的教学过程，掌握我国34个省级行政区的名称、简称和省级行政中心，提高地理学习的综合能力。

（2）在完成上述教学活动的过程中，边动手、边思考，充分调动思维，发挥想象能力，提高课堂学习效率，深化对知识点的识记。

3.情感态度与价值观（过程性或体验性目标陈述方式）

（1）通过完成“读图”“填图”“剪图”“拼图”的教学实践活动，能够对我国的省级行政区有进一步的认知，培养学生“知我祖国、爱我家乡”的情感。

（2）通过学习本节有关内容（如台湾省自古以来就是我国的领土，香港和澳门回归祖国，北京是我国的首都等），激发学生的爱国主义情感，树立学生的民族自信心。

四、上课过程及要求

1.读图

首先，让学生分小组阅读七年级第一学期《地图册》第2—3页的“中国行政区划”图。组内成员之间采用互相提问的形式，学习中国省级行政区。教师可以在PPT课件中出示一些参考题目，例如：我国省级行政区划单位的通名有哪几种？上海市在地图中什么位置？上海市的北面、南面分别是哪些省份？我国首都北京市在地图中什么位置？北京市周围有哪些省份？北回归线自西向东穿越了我国哪几个省级行政区？等等。

其次，教师穿插到各个小组进行指导，根据学生的学习情况，确定读图结束的时间。读图，是地理学习最基本的要求，学生的能力普遍都能达到，所以他们可能会比较兴奋。教师要适当提醒学生，声音尽量放低一点，组内成员听见就可以了。

最后，教师再简单介绍我国有23个省、5个自治区、4个直辖市和2个特别行政区共34个省级行政区的知识，以及我国设立2个特别行政区的历史背景。

2.填图

学生读完“中国行政区划”图后，给他们每人发一张放大的8开“中国行政区划”图的空白底图，让他们结合地理图册第2—3页的“中国行政区划”图，将各个省级行政区的名称和省级行政中心的名称填写在图中相应的位置上。

PPT展示注意事项：注意不要有遗漏，面积大的省级行政区名称尽量写松散一些。

写完之后组内成员先互相检查，看对方填写的对错及是否有遗漏。然后每个小组的组长认真把关，仔细检查。

教师检查之后，结合教材知识，举例介绍几个省份简称的由来。例如上海的简称沪，“沪”是类似竹片做成的栅栏，是利用潮水的涨落捕鱼的工具，记载着上海曾经是渔村的历史等。最后要求学生结合教材第9页的表格将各省级行政区的简称也填注在地图上。

3. 剪图

在完成上述活动之后，请学生把地图上的各个省级行政区的图沿着省份界线剪下来，并观察各个省级行政区的形状、位置和大小等。告诉学生：每一个行政区的轮廓，都有自己独特的形状，这也是我们识记省级行政区的重要标志，请大家把它们牢记在心。此时，有的同学会观察剪下的各个省级行政区的轮廓图，感到十分有趣：“甘肃省像个扁担”，“黑龙江省像天鹅”，“广东省像个大象”……大家充分发挥想象力，各抒己见，课堂气氛十分活跃。不知不觉，同学们对我国各个省级行政区的轮廓有了更深刻的印象。

在这个过程中，因为学生的动手能力有差异，所以剪图速度有比较明显的区别。这时，教师应该提醒每个小组的组长，互相协助，争取快速高效完成任务。俗话说“仁者见仁，智者见智”，对于各省的轮廓形状，教师千万不要一锤定音，扼杀学生的想象力，要鼓励学生充分发挥想象。

4. 拼图

等同学们都把地图剪完之后，告诉他们：“接下来我们把刚刚剪开的图再拼起来，拼在老师刚才发给大家的那张8开的白纸上，做一个拼中国行政区划地图的游戏。”几分钟后，有些同学就已经拼好了。“别看拼图很简单，还是需要一定技巧的。请拼得较快的同学讲讲你是怎么拼的?”教师可以请一位平时就很善于思考，能够早早地把地图拼完的同学站起来介绍拼图方法与技巧：先把面积较大的几个省级行政区如内蒙古自治区、新疆维吾尔自治区、西藏自治区放在相应的位置，然后再以它们为参照放置相邻的省级行政区，这样很快就可以完成了。

因为学生的动手能力不同，可能有些学生动作比较慢，课上没有完成的同学，可以请他们课后完成。

五、课程设计其他说明

1.整体设计

（1）根据教学重点设计活动主题——手脑并用学政区。

（2）每4—6人为一个学习小组，个人学习与同伴互助相结合。

（3）完成读图、填图、剪图、拼图的活动，从而达到本节课的教学目标。

2.活动素材

（1）每人一张8开的中国行政区划空白底图、一张8开的白纸。

（2）每位同学一把美工剪刀、一支圆珠笔或者钢笔。

（3）每一组一瓶胶水或糨糊。

（4）学生的地理课本、地理图册。

3.细节把握

（1）把握时间。任课老师需要准确把握时间节点，对读图、填图、剪图、拼图等每个活动的时间应该有所控制。

（2）分组的过程应该采用“异质”法，即每一个小组都应该有一至两名地理基础好、组织管理能力和动手能力强的同学，来担任组长，起到“小老师”的作用。

（3）教学过程中，教师应该在PPT课件中以文字的形式，将每个过程的注意事项展示给学生。

（4）学生的安全与纪律教育。因为本节课剪图时需要使用剪刀，学生安全教育千万不能忽视。

（5）注意省级行政区的简称中有几个比较难读写的字，教师对它们的书写和读音应该给予重点提示。例如：福建——闽，江西——赣，云南——滇，湖北——鄂，等等。

（原文发表于《地理教学》1999年第4期，收入本书时有改动。）

经验与感悟篇

地理课堂的语言技巧

一、问题的提出

长期以来，不少地理教师在教学中都遵循着八股式的固定模式进行授课，这种方式因新教材的使用而失去了往日的色彩。同时，随着居民生活水平的提高，电视、网络等信息传播媒体的进一步普及，学生获得的地理知识有相当一部分来自课堂之外。平淡的语调，固定的模式已经让学生觉得地理课乏味，对学习地理缺乏兴趣。地理课堂的纪律问题也就成为许多地理任课教师比较头痛的问题。根据有关教育管理部门的抽样调查，我国广大中小学生对地理课的兴趣普遍不高。一方面，他们认为教师上的地理课平淡乏味。另一方面，在我国中小学尤其是初中阶段，地理课的地位相对语、数、英等学科地位较低，是大部分学生眼中的“副课”，这一现象进一步加剧了我们地理教师上好地理课的难度。有关调查发现，50%以上的学生觉得地理教师上课语言不够精彩，缺乏感染力。他们建议教师改变授课的语言，如聊天式讲课等。事实上，在课堂教学中，无论采用哪一种手段，都主要表现为师生间的对话与交流。这样一来，注重上课的语言、语调问题，便成了地理课堂教学中一个让人关注的议题。

二、具体实施

受上述调查结果的启发，我对教师上课的语言进行了一定的思考与研究。我发现在教学的过程中，教师上课的语言大致可以分成以下三大类型：第一类是教师知识讲述的语言；第二类是教师提问的语言；第三类是教师对学生的回答进行评价总结的语言。进行初步分类之后，我针对每一种类型的语言、语调都做了相应的调整，找出了具体的改进措施，并在所教的几个班级中选择了两个各方面条件都较为相近的班级分别作为试验班与对照班，进行对照试验。那么，试验的情况到底怎么样？改进措施是不是有效果？

（一）教师讲述的语言——声情并茂

1.绘声绘色地讲述

以往的地理课堂，教师授课囿于老的套路，缺乏创新观念，对地理课的教学本身也缺乏热情，因而授课情绪自然不高。显而易见，一个人的情绪状态对其语言发挥有重要影响。由于缺乏热情，教师的讲述往往趋于平淡，因此也就难以激发学生上课学习的热情。而要改变这一现象，就需要我们教师的授课热情。有了授课热情，教师的讲述自然就声情并茂，学生的积极性自然也就被调动了起来。例如，在讲授沪教版地理六年级第一学期“地处欧洲‘十字路口’的工业强国——德国”这一节时，我绘声绘色地给学生们描述了人们欢呼雀跃，奋力推倒柏林墙的热闹场面。这样，不但激发了学生向往和平的情感，而且让他们有了上课的欲望——德国究竟是什么样子呢？如此一来，课就上得比较轻松自如了。当然，教师充分的课前准备是成功的前提。

2.多方引用，创设情境

苏联教育学家霍姆林斯基说："教给学生利用自己已有的知识去获取新知识，是教学的最高技巧所在。"教师在课堂教学的过程中，根据教材的内容，当堂课的教学目标，所教学生的文化水平和心理年龄特征等因素，灵活多变地创造一些能够促使学生迅速且准确地感知、理解、运用教学内容的教学情境（或氛围），是启发式教学原则在课堂教学中的具体体现。教师灵活地把学生学过的知识及所见所闻所行，与新知识有机地联系，让学生感到亲切，容易"入境"，从而引起情感上的共鸣，进而积极参与教学活动。例如，在讲述"海拔越高温度越低"这一知识点时，我先让爬过高山的同学谈自己在山顶与山脚下的感受，然后引导他讲出"海拔越高气温越低"这一规律。随后，我便引用苏东坡的"我欲乘风归去，又恐琼楼玉宇，高处不胜寒"，创设高空中仿佛冰天雪地的意境，让他们知道古代人跟我们的感受也是一样的，以加深和巩固他们对这一规律的认识与理解。讲课中可以引用的内容很多，比如讲西亚油田时，可以从美伊战争、伊拉克入侵科威特等说起；讲欧洲时，可以从巴尔干半岛上的科索沃问题引入；等等。

（二）教师提问的语言——注重技巧

"师者，所以传道受业解惑也！"唐代教育家韩愈曾经说过。我们上课的过程，就是提出问题、解决问题的过程。所以，一节成功的地理课，教师与学生的言语交流中，教师的恰当设疑提问起着关键作用。它能触及学生的思维兴奋点，起到提示思路、加深理解、巩固知识的效果。但要注意把握好课堂提问的技巧，也就是"问什么""怎么问"，我认为教学提问应注意以下几点：

1.问得有激励性，有竞争感

以往的地理课堂，班级中只有一部分学生积极回答问题，而另一部分人则态度消极、兴致不高。我个人觉得得想办法让这一部分人积极回答问题，怎么办呢？人人都有好胜心，提问时通过激励性的问题来激发他们的热情，不失为一个好方法。因为每个班级中，总有一部分学生上课自觉性不高，容易分神，但他们思维可能比较活跃，生活中比较喜欢争强好胜。提问时，我们要注意到这一点。如在学习“南极洲”时，要讲南极洲多矿藏，但如果教师泛泛地讲述或简单地提问，效果不好。我采用激将法进行提问。我说：“今天，我们全班在地图上对南极洲进行矿产考察，每一个人都是探矿专家，我们来看一下，哪一位（组）探矿家最聪明，能探得最多……”话还未讲完，同学们都举起了手，热情高涨，这样课堂效果自然会好!

2.问得精，问得准

在地理课堂教学中，有些内容是需要学生自己看书掌握的。以往处理这类问题时，教师所提问题的外延较宽，因此不易激发起学生的答题热情。如讲授中国交通运输业时提问：旧中国铁路运输的特点是什么？这一问题一出来，学生看书的兴趣不高。但我现在这样问：“谁能在课本上找出两个字来描述旧中国铁路的特点呢?”大家都赶紧低头看书，不久就有许多同学找出了“偏”“少”这两个字。然后，我再接着问：“‘偏’‘少’体现在哪里呢?”学生立即回答：“‘偏’指分布偏在东部，尤其是东北；‘少’指里程少，只有2万多千米。”这样一来，充分调动起了学生的答题热情，课堂教学气氛热烈，效果良好。

需要注意的是：地理课堂问题的创设必须以学生已有的地理知

识、地理技能为基础，不能脱离学生地理知识的实际水平；地理课堂问题给学生留有发展空间，但要控制在学生知识能力可以达到的范围内。

（三）教师评价总结的语言——分层评价，阶梯对应

我所教的每一位学生，对地理课的反应是各不相同的。具体到每个班级，大致有以下三种情况：第一种类型的学生，他们自觉性高，课堂参与意识强，学习成绩也比较好；第二种类型的学生表现一般，在课堂上不给老师添乱，但缺乏一定的主动性；第三种类型的学生，有时书本都带不齐，扰乱课堂纪律是经常发生的事，那就更谈不上对地理课内容的掌握了。针对这种现象，我除了通过提问调动外，在课堂评价中也采用了一定的处理技巧，即分层评价，阶梯对应。对第一种类型的学生，提问的机会少一些，但一旦提问，除了回答基本问题外，往往还会追加提问，问得更广、更深，激发他们进一步学习地理的热情。对第二种类型的学生，注重提问的次数，且每次提问后，总要给予一定表扬，有时一节课，这样的学生能被提问两至三次，让他们的心思始终放在课堂上。对第三种类型的学生，则“抓住不放”，一旦有比较简单的问题，只要他们当中有人举手，我便马上叫他起来回答，如果答对了，便大加赞扬。比如，某某同学反应真是快，老师问题还没讲完，他已经发现了。被表扬的喜悦，是一种可以促进学生好好学习的巨大的情绪力量。一般说来，下一节课他往往会再举手回答问题，而一旦他再举手，我便一定会再提问他。这样慢慢地，整个班级对地理课的兴趣都会有提高，学生地理学习层次差别也不是那么明显了。当然，实施这种分层评价需要教师对学生深入了解，而且实施过程中，这种分层只能在教师的脑海中显现。我们的教学活动一定要保护好学生的自尊心。

三、试验结果

经过半年多的课堂试验，我发现试验班与对照班相比，发生了明显的变化，具体表现为：

（一）试验班学生对地理课的兴趣得到提高

经过努力，试验班的学生对地理课表现出了明显的兴趣，尤其是地理课上原来各方面表现比较落后的几位学生，他们现在不仅地理课上地理书、地图册等学习用品带得齐，而且课堂表现也好了，几乎没有课堂纪律问题了。体会最深刻的是，试验班有些学生路上碰到，会问我下一节课上什么内容，上到哪里？有几个原先成绩不好的学生，甚至会问这次的作业有没有错，错在哪里？他们对地理课的热情，可见一斑。

（二）试验班地理成绩明显提高

经过试验，试验班相比对照班地理成绩有明显提高：

班级	人数/人	不及格人数/人	平均分	合格率	优秀率
试验班	51	1	88.7	98%	43.6%
对照班	49	9	73.1	81.6%	21%

四、结语

改善和提高地理课堂教学效果的方法很多，目前，我只是在课堂的语言技巧方面做了一些努力。今后，除了在这一方面继续努力外，我还将进行其他的尝试，如地理课堂多媒体辅助教学等。

地理课堂教学问题情境的创设

课堂教学情境，是指教师在课堂教学的过程中，根据教材的内容，当堂课的教学目标，所教学生的知识水平和年龄特征等因素，灵活多变地创设一些能够促使学生迅速且准确地感知、理解、运用教学内容的教学情境（或氛围）。创设地理课堂教学情境，是启发式教学原则在课堂教学中的具体体现。教师在授课的过程中，需要创设一定的适合学生身心发展水平的教学条件、教学情境，充分调动学生的非智力因素，促进学生理解和掌握知识。从目前的地理课堂教学情况来看，地理课堂教学情境大致有三种类型：问题情境、迁移情境和直观教学情境。而这三种类型中，问题情境是课堂教学中使用最广泛、最普及的一种课堂教学情境。

一、地理课堂教学问题情境的种类

地理课堂教学问题情境大致可以分为以下几种类型：

1.地理课堂教学全课式问题情境

地理教师根据课堂授课内容，将一整节课的知识设计成一节课的问题情境，而本节课中，每一个知识点又是一个个小的问题情境，这是地理课堂问题情境教学方法在课堂教学中全方位的体现。

如在讲述世界地理“中东（西亚）”一节课时，教师可以先讲：最近几十年来，这里是一个枪炮声不断的地方……这样一两句话，就构建了一整节课的问题情境：这是一个战火不断的地区，为什么呢？学生的兴趣被迅速吸引到本节课的课堂教学中来。中东（西亚）地区位于“五海三洲”之地（交通要塞），国家与国家、国家与地区之间的边界冲突，民族与宗教问题，干旱的自然地理环境（中东为水而战），丰富的石油资源等每一个知识点，每一个问题情境，都能与战争联系起来，都是本地区战争多发的原因。这一节课，问题情境教学法贯穿始终，学生的注意力很容易集中在课堂教学的内容上。

2.地理课堂教学的阶段式问题情境

在地理课堂教学过程中，任课教师依据课堂内容，在课堂教学的各个阶段，围绕着整节课的教学内容，创设一系列小的问题情境，就是地理课堂的阶段性问题情境。它有两个方面的作用：一方面可以适时地引起学生的注意，将学生引导到课堂教学内容中来，维持学生地理课堂学习的积极性；另一方面可以把地理课堂教学的内容不断引向深入。

如“南极地区”这一节课，讲授“南极洲酷寒、干旱、多风暴”的气候特征之后，教师可以这样提问：“这里的气候条件这么糟糕，我们可以用哪一个词来形容呢?”“恶劣!”学生们几乎能够脱口而出。地理课堂的阶段式问题情境的创设自然而不留痕迹，因而课堂教学效果良好。与此同时，在这样的阶段式问题情境下，他们也会主动思索，为什么南极洲的气候会这么恶劣呢？南极洲气候环境这么恶劣，为什么各个国家还要花费那么大的代价去考察呢？像这一类型的情境创设就是地理课堂教学的阶段式问题情境创设。这样的阶段式问题情境创设，在激发学生思考的情况下，还可以达到知识间的自然承转。

3.地理课堂教学的阶梯式问题情境

由于中学生的年龄、知识水平等有限，加上他们的学习条件也比较有限，他们的认知结构还不是很完善。在课堂教学中，一些有一定难度的知识点我们如果直接传授，他们有时会很难理解或接受。为了引导学生由浅入深、从现象到本质、从抽象到具体，环环相扣，步步深入地学习这些地理知识，我们可以根据课堂教学内容本身具有的内在联系，设置阶梯式的问题情境，引导他们循序渐进地学习地理知识。

如讲授“中国的人口”时，让学生理解我国计划生育的人口政策是很重要的。但是，我们直接介绍这一政策的内容，学生往往难以理解。结合地理课堂教学的阶梯式问题创设情境的教学，我们可以先让学生读图表及课本上的有关知识，创设第一个问题情境：我国人口多，那么目前我国有多少人，在世界上处于什么样的位置。接下来，创设第二个问题情境：我国人口多，会给社会发展带来哪些困扰。答案是住房紧张、就业困难、交通拥挤等。最后，创设本节课的第三个问题情境：我国人口太多了，我们应该怎么办呢？答案是实行计划生育。这样环环相扣、逐渐深入的教学过程，他们能够比较容易接受。否则，如果我们让学生直接了解中国的人口政策“实行计划生育，控制人口数量，提高人口素质”，学生听了，会感到难以理解。通过创设阶梯式问题情境，上课效果就好多了。

4.地理课堂的辐射式问题情境

有的知识点学生需要从不同方向、不同角度去思考和把握，才能真正地理解和掌握。因此，在地理课堂教学过程中，我们可以以一个知识点为中心，创设一种情境，启发学生短时间内从多角度发现问题、解决问题，创设地理课堂辐射式的问题情境。这种问题情境有利于培养学生的创新能力和发散思维能力，对培养创新型人才是极为有利的。这样的问题情境有很多，如你所知道的我国的自然灾害有哪些呢？我国的人口多，这对我们国家有哪些不利的影响呢？类似这样的涉及面广且与学生的生活比较接近的内容，学生可以很容易思考从而产生自己的观点，培养其发散思维能力。

5.地理课堂的激励性问题情境

在地理课堂教学过程中，平淡乏味的讲述、没有新意的提问，往往使课堂教学氛围沉闷，学生上课的积极性也就不会很高。但是，如果地理教师巧妙地运用语言技巧，机智地创设一种问题情境，激励学生争先恐后地回答问题，无疑会提升课堂教学效果。

如讲授“南极地区”这节课时，讲到“南极地区的矿产资源丰富”这一知识点，传统的课堂教法是教师让全班学生一起看地理课本和地理图册相关内容，然后请他们说说南极地区有哪些种类的矿产资源。但如果我们用激励性的语言，创设地理课堂教学的激励性问题情境，课堂效果就会大不同。“同学们，这是一个富饶的大陆，矿产资源十分丰富。现在，假设我们班级每一位同学都是一位高级探矿专家，现在我们大家分头去南极地区寻找矿产，看谁能够成为最成功的探矿专家？能够找得又快又多。”这样短短几句话所创设的问题情境，既可以引起学生对课堂教学内容的注意，又可以激发他们的好胜心和求知欲，课堂教学的气氛和效果都会有所增强。

二、地理课堂问题情境的创设

针对我们地理课的课堂教学特点，结合地理新课程的培养目标，面对新地理课程的地理课堂问题情境，我们可以从以下几个方面来创设：

1.通过现代化的教学设备和手段创设问题情境

随着经济和科技的进步，我国各地中小学的教学设备已经逐步更新。许多学校都配备了现代化的教学设备，有的学校已经或者正准备配置一些现代化的教学设备，如投影仪、多媒体操作系统，一些经济发达地区的学校甚至配置了一体机等。借助这些现代化的教学设备，结合课本知识，我们可以创设一定的问题情境，来促进地理新课程的课堂教学。

如讲授“印度”这节课时，我们可以借助这些现代化的教学设备，将印度洪灾和旱灾的有关情景资料片展示给学生：印度有时洪水泛滥，工厂、农田、道路和房屋几乎全被冲毁，工农业生产几乎陷入瘫痪，灾民流离失所；有时却干旱缺水，土地龟裂，河流断流，农田颗粒无收，人们连饮水都有困难。这样可以很自然地产生这样的问题情境：印度这个国家在世界上处于什么位置？属于哪一种气候类型？为什么会有这样的现象？一连串的问题会出现在学生的脑海里，以情激疑，以情促思，问题情境的引导作用得到了淋漓尽致的发挥。这样的问题情境，很容易激发学生思考问题、解决问题的动力，对学生地理学科思维能力的提高有很大作用。

2.通过历史故事创设问题情境

俗话说，“史地不分家”。历史与地理有着千丝万缕的联系，无数的历史故事都是在一定的地理条件下发生的。同时，一定的地理条件又成为决定某个历史事件结局的重要影响因素。地理教师在课堂授课的过程中，应该与历史横向联系，将一些历史事实与我们的地理知识点结合在一起，将生动的历史故事作为课堂教学情境创设的材料。

比如讲到自然地理知识中的“大陆漂移说”这一知识点的时候，我们可以首先给学生介绍这样的历史背景：魏格纳是德国历史上一位非常著名的地球物理学家。有一天，他生病了，躺在医院病床上休息的时候，无意中看到了墙上的世界政区地图。突然，他发现南美大陆的西海岸与非洲大陆的东海岸轮廓竟然是那么吻合。他意识到这两块大陆会不会曾经是在一起的，后来逐渐漂移才分离开来。魏格纳就这样不经意间发现了大陆漂移说。同学们，如果你是魏格纳，请问你用什么理由或者什么样的实例来说服世人接纳你的观点呢？运用这样的历史故事创设的问题情境，可以很容易启发学生进一步思考问题。

3.利用古诗词创设问题情境

中国是一个有着几千年历史的文明古国，古老而灿烂的中华文化可谓人类历史上的瑰宝，而我国的古诗词又是这些历史瑰宝中的奇葩。地理教师在课堂教学中，巧妙利用我国的一些古诗词，也可以创设有效的问题情境。

如讲述“海拔越高，气温越低”这一知识点时，我们可以利用“人间四月芳菲尽，山寺桃花始盛开”引入。针对这一奇特的现象，学生会很自然地产生疑问：为什么会这样呢？再比如，讲到“我国的气候特点”这节课时，季风气候显著是我国气候的一个典型特征，但是我国季风区和非季风区的界线历来就是国内地理学家们争论的一个焦点，地理任课教师当然也很难讲述清楚。如果我们在这里引用一句古诗“羌笛何须怨杨柳，春风不度玉门关”，让学生思考：为什么春风吹不到玉门关呢？一切疑问就都迎刃而解了。

4.利用课堂演示或实验创设问题情境

随着教育改革的不断深入和地理新课程的普及，地理课上通过课堂演示（包括多媒体动画演示或实物演示），或者通过课堂实验，都可以创设问题情境。

例如，沪教版地理七年级第二学期“黄土高原地区”这节课：黄土高原是世界上水土流失最严重的地区之一，为了验证植被对水土保持的作用，我们可以在地理课上做实验，通过实验启发学生思考。首先，我们选择两个同样大小的塑料盒，两个塑料盒上面铺着同样多的土，一个塑料盒的土中没有植物，另一个塑料盒的土中有植物。两个塑料盒按照相同的倾斜度放置。接下来，我们拿两个250毫升的矿泉水瓶，瓶盖上各凿两个尽可能大小一致的出水孔。我们将矿泉水瓶中装同样多的水，分别向两个塑料盒中喷射，尽可能模拟相同的降水过程。等矿泉水瓶子里的水放完了以后，我们观察：两个塑料盒子里水和泥沙的量各剩多少？记录实验现象，并且启发学生思考：水土流失与植被的关系。

地理课堂可以通过有关实验来展开学习的内容不少。如初中阶段用手电筒和地球仪来演示地球自转产生的昼夜交替现象，高中阶段利用玻璃箱、温度计来演示温室效应等。

5.利用地理研究性学习创设问题情境

地理新课程重视对学生地理学习能力的培养，尤其注重培养学生发现问题、解决问题的能力。在地理课堂教学中，我们可以结合地理新课程，利用研究性学习，创设地理课堂教学的问题情境，从而促进学生学习能力的培养。如沪教版地理七年级第一学期“疆域与行政区划”这一节课的学习：我们首先要讲授的是我国的地理位置，即位于亚洲东部、太平洋西岸的一个海陆兼备的国家。从经度上说，我国位于东半球；从纬度上说，我国位于北半球。我国绝大部分位于北温带，南部有一小部分在热带。教师讲授完我国的地理位置后，可以结合探究性学习理念，创设问题情境，在课堂上引导学生结合地理课本、地图册，以及已有的知识储备，思考探究我国地理位置的优越性体现在哪里。

三、地理课堂问题情境的创设原则

第一，地理课堂问题情境的创设必须以学生已有的地理知识、地理技能为基础，不能脱离学生地理知识和认知水平实际。

第二，地理课堂问题情境应该有一定的学生未知的知识，也就是说问题情境中应该有学生并不知晓的地理知识、地理技能或地理方法。

第三，地理课堂问题情境所涉内容应在学生知识能力可以达到的范围以内。

第四，问题和问题情境要区分清楚。如上所述，“南极洲有哪些矿产资源”是问题，但我们上文给学生阐述的相关的问题背景，就是问题情境。

（原文发表于《地理教学》2011年第7期，收入本书时有改动。）

夯实地理课堂三维目标，渗透地理学科核心素养

一、地理学科核心素养的提出

我国中小学课程改革历经近二十年时间，尽管取得了巨大成绩，但仍存在一些深层次问题。例如，对学生社会责任感、创新精神和实践能力的培养有待加强。当前，我国基础教育课程改革进行到深入推进的新阶段，《国家中长期教育改革和发展规划纲要（2010—2020年）》提出了教育以德育为先、能力为重、全面发展的战略主题。深化课程改革的重心是将立德树人的根本任务落实于学校课程。党的十八大以来，党中央高度重视培育和践行社会主义核心价值观，提出把培育和践行社会主义核心价值观融入国民教育全过程。培育和践行社会主义核心价值观要从小抓起、从学校抓起。坚持育人为本、德育为先，围绕立德树人的根本任务，把社会主义核心价值观纳入国民教育总体规划，贯穿于基础教育、高等教育、职业技术教育、成人教育各领域，落实到教育教学和管理服务各环节，覆盖到所有学校和受教育者……构建大中小学有效衔接的德育课程体系和教材体系。此时，我国中小学学科教学核心素养体系的提出被认为

是课程改革新阶段的破题之作。

二、地理学科核心素养的内涵

经过有关地理教育专家的反复酝酿，地理学科核心素养的内涵应运而出。地理学科的核心素养主要包含：人地协调观、综合思维、区域认知和地理实践力四个要素。

1.人地协调观

人地协调观指人们对人类活动与地理环境之间关系秉持的正确价值观。人地关系是地理学科最为核心的研究主题和基本的思维视角。面对日渐突出的人口、资源、环境、发展问题，对学生进行充分的人地协调观教育，有助于学生形成尊重和保护自然、绿色发展等观念，滋养人文情怀，增强社会责任感。

2.综合思维

地理学科是一门综合性很强的学科，既包括自然、经济、政治、社会、文化等综合要素相互关系的综合研究，也包括地貌、水文、气候、植被、土壤、人口聚落、工业交通等要素之间的综合研究。它文理兼容，相互渗透，是自然科学、社会科学和技术科学三大科学体系相互交叉的产物。它与人们生活、工作、学习中的其他基础学科（语文、数学、历史等）也存在着不可分割的联系。事实上，地理环境的整体性也决定了人类对地理问题的分析和对人类活动的评判必须借助综合思维。将地理的综合思维确认为地理核心素养是基于地理学科内容和学习思维综合性的考虑。

3.区域认知

区域性是地理学科另一重要的学科特性。区域认知是地理学基本的认知方法，指学生具备的对人地关系地域系统的特点和问题进行分析、解释、预测的方法和能力。学生掌握区域认知方法，就能够形成从区域的视角认识地理现象的意识与习惯，运用区域综合分析、区域比较等方式，来认识区域特征和区域人地关系问题，进而形成因地制宜进行区域开发的观念。

4.地理实践力

地理实践力指人们在野外考察、社会调查、地理模拟实验等地理实践活动中所具备的行动能力和品质。野外考察与室内实验、社会调查相结合，是现代地理学研究的重要方法，也是中学地理课程重要的学习方式。地理实践力的培育有助于学生更好地在生活实践中观察、感悟、理解地理环境和地理环境与人类活动的关系。

通过认真学习地理核心素养内涵，我发现中小学地理核心素养内涵与《地理教育国际宪章》中“深信地理教育为今日和未来世界培养活跃而又负责任的公民所必需；意识到地理在各个不同级别的教育中都可以成为有活力、有作用和有兴趣的科目，并有助于终身欣赏和认识这个世界”的国际地理教育理念不谋而合。同时，也与地理课程标准中“通过7–9年级地理课程的实施，学生能够了解有关地球与地图、世界地理、中国地理和乡土地理的基本知识，了解环境与发展问题；获得基本的地理技能以及地理学习能力；使学生具有初步的地理科学素养和人文素养，养成爱国主义情感，形成初步的全球意识和可持续发展观念”的课程目标相契合。

三、目前中小学地理教育的现状

目前，中小学地理教学尽管已经有了地理教学核心素养的理念引领，但是仍不十分乐观。

首先，目前地理学科的社会地位不高。中小学教育中学科有主科、副科之分。以上海的初中教育为例：目前，多数学校都把计入中考分数的语文、英语、数学、物理、化学五门学科作为“主科”，把政治、历史、地理、生物、音乐、体育、美术、劳动技术等学科当作“副科”对待（现在政治、历史已经是中考计分科目了）。地理课是大家眼里的“副科”，经常被学校、家长和学生忽视。众所周知，在基础教育初中阶段，每门学科都有其独特的教育功能和价值，它们相互衬托、互为条件，共同构成了一个完整的公民教育课程体系。然而在现实教学实践中，初中地理的学科地位却不高，地理教师上课的热情也并不高涨。教师在教学中由于课时和教学实施条件等因素的限制，存在照本宣科的现象。部分地理教师在课堂上只能讲一些死记硬背的知识点，难以调动学生的学习兴趣。

其次，除了地理学科的教育价值没有得到社会广泛的认同而导致地理教育课程不受重视外，我国地理教育还存在教法和学法上的误区。尽管地理学在高等教育阶段属于理科，但是，在中学教育阶段，却一直被当作文科。在中学阶段的地理学习中，绝大多数人总是依靠死记硬背的方式来完成。殊不知，这样做仅仅是记住了地理知识的皮毛，并没有认识到地理知识中蕴含的地理规律和原理。这种“知其然，而不知其所以然”的教法、学法，学到的地理知识极易遗忘，效率不高。学生的地理思维能力的培养效果也就可想而知了。

最后，从目前我国中学地理课的课程设置来看，初中阶段单独设置两年的地理课程，每周2课时，高中阶段课程由必修课和选修课组成，3个必修模块每周3课时，选修模块课时更少。在有限的课堂教学时间内要完成考试内容的学习已经不容易，在地理课堂上安排教学实践活动的可能性就更小，学生地理实践力的培养亟待加强。

四、地理教学的三维目标

一般来讲，地理教学目标与地理课程目标一样，由三个方面的内容组成，即“知识与技能”目标、“过程与方法”目标和“情感态度与价值观”目标。

以初中地理学科三维目标为例：

（一）知识与技能

1. 掌握地球与地图的基础知识，能初步说明地形、气候等自然地理要素在地理环境形成中的作用以及对人类活动的影响；初步认识人口、经济和文化发展的区域差异。

2. 了解家乡、中国和世界的地理概貌，了解家乡与祖国、中国与世界的联系。

3. 了解人类所面临的人口、资源、环境和发展等重大问题，初步认识环境与人类活动的相互关系。

4. 掌握阅读和使用地球仪、地图的基本技能；掌握获取地理信息并利用文字、图像等形式表达地理信息的基本技能；掌握简单的地理观测、地理实验、地理调查等技能。

（二）过程与方法

1. 通过各种途径感知身边的地理事物和现象，积累丰富的地理表象；初步学会根据收集到的地理信息，通过比较、分析、归纳等思维过程，形成地理概念，归纳地理特征，理解地理规律。

2. 运用已获得的地理基本概念和地理基本原理，对地理事物和现象进行分析，作出判断。

3.具有创新意识和实践能力，善于发现地理问题，收集相关信息，运用相关知识和方法，提出解决问题的设想。

4.运用适当的方式方法，表达、交流地理学习的体会、想法和成果。

（三）情感态度与价值观

1.增强对地理事物和现象的好奇心，提高学习地理的兴趣以及对地理环境的审美情趣。

2.关心家乡的环境与发展，关心我国的基本地理国情，增强热爱家乡、热爱祖国的情感。

3.尊重世界不同国家的文化和传统，增强民族自尊心、自信心和自豪感，理解国际合作的意义，初步形成全球意识。

4.初步形成尊重自然、与自然和谐相处、因地制宜的意识及可持续发展的观念，增强防范自然灾害、保护环境与资源和遵守相关法律法规的意识，养成关心和爱护地理环境的行为习惯。

概括起来说，地理教学的“知识与技能”目标是描述学生在地理课的学习后，在知识与技能方面应达到的教学要求。“过程与方法”目标是指学生通过地理课的学习，了解地理科学探究的过程和方法，学会发现问题、思考问题、解决问题的方法，学会学习，形成创新精神和实践能力的目标等。其中的“过程”是指地理课程教学时学生的学习过程、思维过程、探究过程，以及解决问题的过程；“方法”是指课程教学时学生的学习方法、思维方法、探究方法以及解决问题的方法。“过程与方法”目标特别强调在教学中应把重点放在揭示知识形成的过程上，体现知识学习掌握的思维过程，让学生通过“感知—概括—应用”和思维过程发现其中的地理原理，掌握地理学的一般规律。该目标强调培养学生探索、体验的学习过程，可以落实学生地理思维和地理实践力的核心素养的培育。可以说，“过程与方法”目标是组织教学内容的主导教学目标。“情感态度与价值观”目标一般包括学生通过地理课的学习，产生的对国家、对世界、对自然及其相互关系的情感、态度、价值判断以及科学态度、科学精神等，是落实学生地理核心素养中“人地协调观”的主要抓手。

五、夯实地理课堂三维目标，渗透地理学科核心素养

随着全球经济一体化的发展，地理教育在地理全球观、国际化教育、全球地理环境和可持续发展教育方面的作用越来越重要。随着教学改革的深入，传统的地理课堂教学中表现出来的不合理的一面已被越来越多的教育界人士认识到。

英国哲学家阿尔弗雷德·诺斯·怀特海认为，真正有效的学习，是学生能抛弃自己的课本、笔记和琐细的记忆，将学到的知识转化为智慧的学习。教给学生以智慧的教育，才是最高境界的教育。一个具有地理智慧的人，不仅有丰富的地理见识，开阔的地理视野，还要领会地理学科的思想方法，能够从地理学的视角、运用地理思维进行观察、解释、分析、概括、评判、重组和预见地理事物，创造性地解决实际问题。这就是我们中国人常说的“授人以鱼，不如授之以渔”。当然，学科核心素养并非与生俱来，需要通过各教育阶段长期培养形成。尽可能使每一位中国公民具备地理学科核心素养，是义务教育阶段中学地理教学的终极目标。因为中学地理教学的主阵地就是地理课堂，因而核心素养的培养主阵地就在地理课堂。所以，为了达成这一终极目标，地理学科每一节课的教学设计，尤其是课堂教学目标设计，是非常重要的。在日常教学中，我发现在地理课堂中夯实学科教学三维目标，可以很好地渗透学科核心素养。

夯实了三维目标，地理学科的核心素养也就渗透到每一节课的教学中，核心素养的培养也就得以有效落实。为此，我建议：

（一）知识与技能目标的设计要“地理知识”与“地理技能”并重

以往的地理课堂教学设计，受地理学科是书面考试这样传统评价的方式影响，地理教师在知识与技能目标的设计中，往往只重视一节课的地理知识目标的设计，而忽略了地理技能目标。事实上，在地理核心素养中，地理实践力、区域认知以及地理思维能力，都是地理技能目标所涉及并且贯彻的内容。因此，在今后的地理教学中，我们应该摒弃过去仅仅关注地理知识目标设计的备课陋习，在知识与技能目标的设计中做到“地理知识”与“地理技能”并重。同时，地理技能的目标设计要描述规范，具备可操作性、可检测性，比如指出、说出、绘制、列举等，不能用含义模糊的词语表达。

（二）过程与方法目标的设计要紧扣课堂教学内容

虽然课堂教学三维目标的设计已经开始很多年了。但是，在查阅一些教师的教学设计时，我发现：许多教师设计的过程与方法目标中普遍存在着与课堂教学内容脱节的问题。地理过程与方法，是指教师在课堂教学中，通过什么样的教学活动设计，让学生掌握本节课的主要知识，获取技能的过程。为此，我建议以后在地理课堂教学过程与方法目标的设计中，地理教师要紧扣课堂教学内容，结合该堂课的知识与技能目标和情感态度与价值观目标，设计好这一节课的过程与方法目标，以期进一步提高学生的思维能力和地理实践力。

（三）情感态度与价值观目标的设计切忌“假大空”

尽管课标中将地理知识与技能、过程与方法、情感态度与价值观并列为地理课程教学三维目标，但在教学实践中，“情感态度与价值观”这一课程目标并没有得到应有的重视，或者说这一课程目标实施的效果并不尽如人意。究其原因，主要是地理考试一般较少涉及这一部分内容。所以在传统的地理教学设计中，教师往往过分注重知识与技能的传授，而忽视情感态度与价值观对于学生发展的重要意义。当然，也有部分教师对于情感态度与价值观教育的相关知识储备不够，甚至没有形成要在课堂教学的过程中对学生进行情感态度与价值观教育的思想意识，只是一味地教授地理学科的书本知识。在工作中，我们发现，许多地理教师的教学设计中，情感态度与价值观的目标设计较笼统抽象。比如：通过这一节课的学习培养学生的爱国主义情感，提高学生的全球意识等。我认为情感态度与价值观目标的设计要切忌“假大空”。另外，教师在对学生进行情感态度与价值观的教育过程中，除了注重对学生进行爱国主义教育、环境保护等与地理有关的传统教育外，还应该注重培养学生地理学科的学习兴趣、对美好地理景观的欣赏力等等。

（原文发表于《现代教学》2017年第21期，收入本书时有改动。）

地理课堂教学中“情感态度与价值观”的有效落实

——以沪教版地理七年级第二学期“黄土高原地区”为例

一、案例背景

中共上海市科技教育工作委员会、上海市教育委员会2005年6月发布的《上海市学生民族精神教育指导纲要（试行）》指出：语文、历史、地理、音乐、美术、体育等课程要充分发挥人文精神教育的优势，加大民族传统文化精华的教育比重，让学生在赏心悦目中体验我国民族历史文化的经久魅力。2012年7月1日是香港特别行政区回归祖国十五周年纪念日。回归祖国十五年来，香港经济社会发展势头良好。但是，在香港教育界的同仁看来，美中不足的是，一些香港学生、市民的民族归属感及认同感似乎还有待提高。以“加强学校对国民教育的推展，提高学生对国家的认识、尊重和主动关心，培养他们对国家和民族的归属感与自豪感等”为目的的“根脉相连”——香港部分中学师生与内地交流项目开始启动。受有关部门委托，我们学校面向部分香港中小学师生的“民族精神教育”的公开展示课于2012年4月9日举行。为此，在该日的教育展示课上，作为地理教师的我，开了一节公开教学课——“黄土高原地区”。通过这一节课，初步达成了“根脉相连”活动所要求的加强学生民族归属感和民族认同感的教育既定目标。

二、案例内容

1.设计思路

课前两分钟循环播放有关黄土高原地区的自然、人文景观图片，并适时播放《信天游》《黄土高坡》等歌曲选段。图片内容：黄土高原的概况（范围、所涉及的省区），沟壑纵横的黄土高原（黄土塬、黄土墚、黄土峁），黄土高原水土流失严重的原因（自然、人为），黄土高原水土流失严重的影响（对当地经济发展的影响、黄河泥沙含量大、下游地上河等），黄土高原的治理。在分析黄土高原水土流失严重的自然原因时，可以引导学生从教材第88页找到；夏季降水集中、多暴雨，可以通过阅读气候类型图来完成。在分析植被破坏严重的原因时，先借助视频资料，了解植被保持良好状态的历史时期黄土高原的状况，再对比当今沟壑纵横的状态，来加深水土流失严重的印象，激发学生思考：人类为什么破坏植被？这时候，适时解析教材第91页的“黄土高原地区的人地关系恶性循环”图，一方面，解释了黄土高原地区水土流失的主要人为原因，另一方面也为后面探究黄土高原地区的治理方法做铺垫。

2.部分教学片段

教师：黄土高原水土流失严重的原因除了我们前面讲述的黄土土质疏松、夏季降水集中，以及地表坡度大等方面的自然原因外，不合理的人类活动也是一个重要原因。因为，人类活动破坏了这里的植被，导致植被覆盖率降低，加剧了黄土高原的水土流失。历史上的黄土高原是什么样的呢？请大家阅读教材第89页后说说看。

学生（读教材）：黄土高原地区矿产丰富，在历史上林木茂盛，土壤肥沃，是中华民族古代文明的发祥地之一。这里曾经还是中国政治、经济、文化的中心，对推动中华民族的经济和文化向前发展起过重要的作用。

教师：说得非常好！中华民族的始祖炎黄二帝曾经在这一片沃土上繁衍生息。接下来请观看视频《我们都是炎黄子孙》，让我们一起走进历史上林木茂盛的黄土高原。视频部分旁白如下：……炎黄部落经过长期发展，形成了华夏族，成为中华民族的主干。所以，世世代代我们把炎黄二帝看成是中华民族的始祖。我们都是炎黄子孙，我们都是华夏儿女！……（师生看得非常认真，教室里静得出奇，我看到有的师生眼睛湿润了）

教师：刚才的视频资料告诉我们，这里曾经是中华民族文化的发祥地。这里植被覆盖率曾经高达多少呢？

学生：百分之六十。

教师：但是，今天，这里植被缺乏，水土流失严重，地表沟壑纵横。接下来请思考：是什么原因导致这里的植被破坏严重呢？请大家仔细阅读教材第91页的图片，解释其中的原因。

……

教师：严重的水土流失给黄土高原地区带来了怎么样的影响呢？哪一位同学愿意来解读一下PPT课件上面的内容？

学生：严重的水土流失使得黄土高原地区沟谷增多、扩大、加深，导致耕地面积减少，也带走了表层肥沃的土壤，使得该地农作物产量下降，人们生活贫困。

教师：的确如此。过度的水土流失，导致黄土高原地区生态破坏，农业减产，人们生活贫困。黄土高原地区曾有相当数量的贫困县。一些爱心人士曾开展为贫困地区孩子每天送一只白煮蛋的献爱心活动。因为我们都是华夏儿女、炎黄子孙！我们都是一家人，相亲相爱的一家人！

……

三、课后反思

公开课完成以后，经过认真反思，“黄土高原地区”这一节课给了我许多的启示。尤其是在地理课堂教学“情感态度与价值观”的有效落实方面。

首先，我感觉到“情感态度与价值观”目标的设计不能随意、机械，应该用心去思考、去挖掘。国家新一轮基础教育改革提出了“知识与技能、过程与方法、情感态度与价值观”的三维目标。“情感态度与价值观”强调“育人”，是认知的人格目标，体现了国家二期课程改革的核心是“以人为本”，促进学生的全面健康发展的理念。但是，在日常的教学过程中，我与许多一线教师的做法比较一致，还是把与考试密切相关的知识与技能目标作为教学设计的重中之重。过程与方法目标往往退居其二。情感态度与价值观目标则经常被忽视和冷落。经过这一次，我深深地意识到，不能随意设计“情感态度与价值观”目标。地理学科的育人价值十分丰富，我们需要用心去挖掘。以“黄土高原地区”这一节课为例，以前，我在上这一节课时，情感态度与价值观目标的设定往往是“学会用联系的观点看问题”“培养认识人地关系的思维能力”“树立正确的人地观和可持续发展观念”等空洞、雷同的表述。但是，这一次上课，因为有了加强民族精神教育的任务，所以我在教学过程中，努力挖掘这一方面的内涵，围绕黄土高原地区是中华民族文化的发祥地之一，我们的祖先曾经在这一片沃土上繁衍生息的知识进行拓展强调，从而使学生产生我们都是华夏儿女、炎黄子孙的情感共鸣，达到了“加强对学生民族的归属感和自豪感”的教育目标。

其次，我深刻地感受到情感态度与价值观的落实，只有与知识与技能、过程与方法融为一体才有生命力。如果情感态度与价值观目标，与知识与技能、过程与方法的教学脱节，那么，它就是空洞的，也是难以落实的。在教学过程中，情感态度与价值观的落实，只有与知识与技能、过程与方法融为一体，才不会是“纸上谈兵”，它才有生命力。在本节课的教学中，我把民族精神的教育与知识与技能、过程与方法有机结合起来：让学生在借助图文资料，在分析黄土高原地区水土流失严重的原因的过程中，知道黄土高原地区植被严重破坏的人为原因是不合理的人类活动。在此，播放《我们都是炎黄子孙》的视频资料，既加深了学生对历史上的黄土高原的认知，又对学生进行了民族归属感和民族认同感的教育，实现了知识与技能、过程与方法、情感态度与价值观三维教学目标的统一，使教和学融为一体，进一步增强了民族教育的针对性和有效性，使情感态度与价值观的教学目标得以有效落实。

最后，我感受到一节课中可以实现情感态度与价值观目标的有效落实。具体到在“黄土高原地区”这一节课，有如下内容：课前循环播放黄土高原地区的自然、人文景观的图片，可以开阔学生的视野。他们看到了黄土高原的沟壑纵横的地表景观，也看到了安塞腰鼓、大雁塔等人文景观。这样既有助于学生掌握黄土高原的地区特征，又加强了他们热爱祖国美好河山的情感。在学习黄土墚的地貌形态时，适时播放《信天游》的歌曲，让学生体会“一道道山来，一道道墚”导致见面容易、说话难的现象，初步培养了学生“非物质文化深深地打上了环境的烙印”的观念。在阅读分析教材第91页的图片资料时，既培养了学生地理图表分析的能力，又让学生产生了应该控制人口增长、促进当地可持续发展的思想等。

（本文节选自上海教育音像出版社2013年版《学“地”明理 树人地协调观——中学地理学科育人价值研究》，有改动）。

地理研究性学习探析

在以往我国传统的教育模式下，课堂教学的形式通常是以教师讲、学生听为主，学生被动地接受知识。这样的教学方式使教师成为教学活动的主体，而学生成为教学活动的客体。学生长期处于被动学习、接受知识的状态中，容易形成封闭性的思维方式，缺乏独立思考的能力和创造性思维的能力。随着我国居民生活水平的提高，电视、网络等传播媒体的普及，学生获取的相当一部分地理知识来自课堂之外。这使得学生对地理课的兴趣不高。这样的教学方式对学生的健康成长，对我国改革开放和社会主义现代化建设事业相关人才的培养都是极为不利的。所以，在我国近几年新一轮中小学基础教育的改革中，特别强调研究性学习。那么，什么是研究性学习？它的特点和意义又是什么呢？

一、地理研究性学习的内涵

研究性学习的理念是近些年来产生的一种比较新的教学理念。研究性学习是指在课堂学习或者课外学习的过程中，学生在教师的指导下，从教材、学习生活和社会生活中选择和确定研究专题，并且能够在研究过程中主动获取知识、应用知识、发现问题并力求主动解决问题的一种学习活动。在这种学习活动中，学生学习所依赖的外部环境不再只是教师、教材和课堂，教师不再局限于对学生进行纯粹的书本知识的传授，而是组织和帮助学生自己去发现问题、探究问题，让学生在自主研究和实践中增长知识、提高能力并获取亲身的体验和感悟。随着基础教育课程改革在全国范围内的实施，作为现代教育理念集中体现的研究性学习，除了作为一门独立的学科课程形式存在外，还必将作为一种重要的学习方式和教学策略渗透于各学科教学之中，对我国教育的发展将起到极大的推动和促进作用。因此，能否在地理教学中准确地应用研究性学习，已经成为我们广大地理教师必须要面对的一个重要课题。

例如，地理教师在讲授“我国人口分布的特点”时，结合研究性学习的方式开展，就不能以如下方式直接讲给学生：同学们，我国的人口分布很不均匀，东部地区人口比较稠密，而西部地区人口则比较稀疏。相反，教师最好将有关我国人口分布情况的图表，利用多媒体教学课件、投影仪或教学挂图，展示给学生，让他们通过观察与思考，经过讨论，自己得出结论——我国的人口分布很不均匀，东部地区人口稠密，而西部地区人口稀疏。接下来，教师可以让学生思考出现这种现象的原因，以此来启发他们运用所学的知识，深入思考人口方面的其他问题。

研究性学习，要适应不同阶段学生身心发展、智能结构等方面的差异，其具体目标也必然应有所差异。也就是说，研究性学习在转化为不同年龄、不同学科的学生的情意结构、智能结构时，必然地呈现出定位的差异性，所以对于年龄尚小，处于九年义务教育阶段的广大中小学生来讲，研究性学习的内容、形式和要求也就有所不同。因此，小学和初中阶段的研究性学习也被称为探究性学习。目前，我国小学阶段的探究性学习着重培养学生的好奇心和对学习的兴趣，培养学生敢于提出问题的态度和习惯；初中阶段的探究性学习则着重培养学生提出问题、研究问题和解决问题的能力，培养学生形成善于进行科学研究的基本理念，为他们今后继续学习或者走向工作岗位打好一定的基础。

二、地理研究性学习的实践意义

地理研究性学习理念的引入，对我国中小学生地理知识的学习以及相关能力的提高和培养具有相当重要的实践意义，具体表现如下：

1.增强学生学习地理的兴趣

地理课在中小学的地位排在语、数、外等学科的后面，是广大学生眼里的“副课”。所以，地理教师想让学生在课前花时间去预习下一节课即将学习的地理知识有时候是很难的。而在研究性学习的理念引导下，我把即将学习的知识有选择地设计为研究性的小问题，请学生去研究、思考，这一做法起到了意想不到的效果。比如，在上沪教版地理六年级第二学期“南极地区”一节课时，我经过仔细思考，认为南极地区的位置特点、独特的自然地理环境、气候特点、丰富的自然资源，以及人类对南极地区的科学考察是我们这一节课应该学习的知识点，而南极地区气候特点及其成因是比较难的知识点，也是贯串这一节的主线。据我了解，学生对比较枯燥的自然常识缺乏足够的兴趣，但是他们对自然界的小动物是很感兴趣的，尤其是憨态可掬的企鹅。于是，在课前，我结合研究性学习的理念，经过精心思考，设计了以下一系列的问题让学生去思考：南极地区最具有代表性的小动物是企鹅，它们是不是鸟类呢？会不会飞？为什么？这是什么原因引起的？学生立刻对此产生了浓厚的兴趣。这一节课的预习情况好得出乎意料。他们在课下不但了解到企鹅是鸟类，而且知道企鹅不会飞是为了适应严寒的环境，更有一些本来对地理课就比较感兴趣的学生将南极地区气候酷寒的原因都总结了出来。这一招见效后，我在以后的备课中，就广泛使用开来。例如，在“澳大利亚”这节课时，我设计了以下问题：你知道袋鼠、考拉吗？目前它们生活在哪一个国家？为什么？经过这样的体现研究性学习理念的教学设计，学生课前预习的劲头足了，预习的效果也越来越好了，不知不觉养成了课前预习的好习惯。

2.提高学生收集、分析和利用信息的能力

在研究性学习理念的引导下，如果学生要回答老师提出的问题或者进行科研课题的研究，他们都需要围绕自己所确定的课题，自觉主动地收集相关的资料，然后对这些资料进行加工处理和应用，并由此解决问题。在此过程中，教师要帮助学生学会利用各种有效手段，通过多种途径，尽可能地去查找与课题相关的信息，并指导他们学会整理与归纳信息，学会判断和识别信息的利用价值，并恰当地利用信息，从而培养学生收集、分析和利用信息的能力。在信息瞬息万变的当今社会，增强学生收集、分析和利用信息的能力是很有必要的。

例如，组织学生开展有关环境保护的研究性学习，教师应该告诉学生有关环境保护的一些基本原理以及研究方法，必要时可以带领学生去一些厂家或单位进行调查研究，获取相关的信息，并指导学生解决问题。

3.培养学生分享与合作的能力

现在的中小学生，绝大部分是独生子女，缺乏分享与合作的观念，这对今后的工作和生活都是极为不利的。研究性学习的开展过程往往是以小组为单位进行的。每一个研究性学习小组，都会在教师的指导下，有组织、有计划、有目的地围绕着他们所确定的课题去开展活动，如野外考察、社会调查、科学实验、探讨问题等。这就需要学生在学习活动的过程中，协调合作，彼此间开展良好的沟通与交流，以便于研究性学习的顺利开展，同时也能使学生学会交流和分享有关研究的信息、创意和成果，培养他们乐于合作的团队精神。

合作的意识和能力是现代人必备的基本素质。地理研究性学习对这一方面素质的培养有着不可替代的作用。例如，地理研究性学习中比较常见的一种活动方式——野外考察，在此过程中既要求同学之间互相帮助、共同进步，又要求他们之间互相协作、相互配合，才能顺利地完成学习任务。在整个过程中，学生们学会了分享与合作。

4.培养学生科学态度和科学道德

在地理研究性学习的过程中，学生只有认真踏实地进行思考、调查研究和科学实验，才能够获得科学合理、切合实际的结论，科研活动才能健康有序地开展。例如，我们没有到过黄土高原，就不可能了解黄土高原水土流失的现状和程度，从而也就不可能准确地写出黄土高原水土流失现状及对策的研究性学习的文章。因此，研究性学习不仅可以培养学生严谨、求实的科学态度和不断追求进取的精神，而且能锻炼他们不怕吃苦、勇于克服困难的意志品质。

5.培养学生热爱学习的良好习惯

地理研究性学习往往是让学生自主参与进行的，表现为：在地理课堂教学中，独立思考问题寻找答案，掌握课堂知识；在研究性学习的科研课题的开展过程中，确定研究性学习的科研课题，参与科学研究的实践过程，总结交流研究性学习的过程等。因此，在地理研究性学习的过程中，学生能获得亲身体验，逐步形成善于质疑、乐于研究、勤于动手、努力求知的积极态度，从而养成热爱学习的良好习惯。

例如，上海市某学校在组织学生参观了海洋水族馆之后，学生的感受非常深刻，他们一方面惊叹于热带鱼类的不同品种的形状、五彩斑斓的颜色，另一方面对其中的原因产生了强烈的兴趣。为什么生活在寒带的物种肤色单一，而生活在热带的物种肤色多姿多彩呢？这是不是与气候有直接的关系呢？这样的思考促使学生主动去探究，培养了他们热爱地理学习的好习惯。

6.培养学生的社会责任心和使命感

一方面在进行地理学科的研究性学习过程中，学生要深入了解自己所确定课题的相关知识，并且要针对课题进行相关的社会调查及科学研究，这个过程自然而然会使他们对社会有更加深入的了解和认识。而他们想方设法努力解决研究性学习课题的过程，也使他们充分感受到学以致用的含义，从中意识到学习科学文化知识对人类社会的意义及价值。另一方面，在针对课题进行社会调查研究的过程中，他们也会发现当前存在的问题：环境问题、人口问题、全球的温室效应等，从而更加关注国家和社会的发展与进步，关注人类与环境的和谐发展，并且能够主动地将自己的行动付诸实践，例如，自觉保护环境等。这样就会自然而然地增强他们的社会责任心和使命感，促使他们形成积极的人生态度。

三、地理学科研究性学习的特点

地理学科的研究性学习，对广大一线地理教师来说，无疑是一种全新的教学改革和挑战。相对于我国传统的灌输式的教学方式，地理学科的研究性学习，着眼于改变学生的学习方式，培养学生主动探究的学习习惯，将所学的地理知识应用于现实生活中。地理课程的研究性学习和现在的地理教育学习活动有十分明显的区别，其特点如下：

1.教学活动载体多

地理学科的研究性学习，往往是以“问题”或者科研小课题为教育教学活动的载体。它注重学生的亲身经验与感悟，以问题的研究或者探讨作为学习的目的和手段。研究性学习的内容不仅仅局限于地理教材和教学大纲，还涉及许多现实问题。例如，环境污染方面就有许多问题值得我们去研究：环境污染的法规、技术指标，污染现状等等。相对于我国传统的地理课堂教学活动，地理研究性学习活动的地点不再局限于地理课堂，还可以是社区、工厂、图书馆、国际互联网，以及其他相关地点。所有这些都给教师和学生带来了更多的创造性的地理学习空间，强化了师生发散思维的能力。

2.学习活动呈现开放性的态势、注重实践

地理学科的研究性学习，从问题的提出或者研究性学习小课题的确立，以及课题相关资料的获得，到研究结果的出现，相对原有的地理课堂教学的封闭状态都有明显的突破。这使得学生学习地理知识的过程显现出明显的开放性态势：走出了课堂，走向了社会。

例如，针对生活中的环境污染问题，在以往的地理课堂教学中，学生在教室里被动地听课，学习效果一般，因此课堂教育效果并不理想。但是，通过研究性学习，我们可以带领学生到具体的污染单位或者地点去进行实地的调查研究，这必定会给学生留下深刻的印象，增强了他们对环境污染的感性认识。这样不但有利于学生掌握与环境污染的有关知识，还有助于增强学生的环境保护的意识和观念。

3.增强了学生的综合素质

地理研究性学习在具体的实践过程中，往往由两人或者更多的人，以课题组的形式来完成。学生在教师的指导下，自主地选择课题，亲自去探索、实践、思考。这样的学习过程对学生的活动组织能力、团结协作能力、应对意外变化的能力（如在考察中迷了路，与老师和同学失去了联系）等都会有所增强，促进了学生综合素质的提高，这一点对我国当代独生子女群体意义更大。

四、开展地理学科研究性学习的进程

一般说来，地理学科研究性学习的科研课题的开展，往往可以分为以下五个阶段：课题选题、制定研究方案、课题实施、课题结题、成果的展示与评价。

（一）课题选题

在地理研究性学习的过程中，选题是一个至关重要的阶段，有着举足轻重的作用。这是因为选题是地理研究性学习的起步阶段，它直接决定了课题研究工作开展的发展方向和命运，甚至影响整个研究性学习活动的成败。地理研究性学习的选题应该让学生自主地选择。因为，确定研究性科研小课题的过程，是一个相对复杂的学习过程。学生在接受教师布置的研究性学习的任务时，往往会有很多疑惑：选择什么方面的问题呢？选择哪一个问题呢？这个思考的过程，本身就是对学生进行思维训练、能力训练的过程。选题的方式十分灵活，可以从指导教师指定的几个课题中选择，也可以按照学生自己的兴趣或者特长来决定等。针对我们地理学科，有的学生可能会喜欢旅游资源的开发，而有的学生可能比较关注环境污染；有的学生可能比较关注室内污染，而有的学生可能会比较关注水体污染；等等。

此外，学生所选择的问题是不是一定可以作为地理研究性学习的范围或者课题呢？当然不是。一般说来，地理研究性学习课题的选择和确定应该遵循以下四个原则：

1.需要性原则

地理研究性学习所选择的课题必须着眼于社会实际和科学技术发展的需要。社会实际的需要体现为人们对某一事物的希望、对事物的改进和完善，以及生产力的提高、对社会建设的有利影响等方面；科学技术发展的需要体现在科学实验中发现新现象、新事物，进而揭示新规律以及探求实际应用的新前景和新手段。

例如随着我国居民生活水平的逐渐提高，人们的住房条件也进一步改善，室内装潢业的发展越来越迅速。由室内装潢产生的环境污染日益加剧，国内少年儿童因此而得白血病的概率增高。据调查，白血病患儿中绝大多数家庭近一两年都装潢过。许多学生就会对此产生兴趣，这样的课题就能够满足社会需要。

2.创造性原则

地理研究性学习所选择的课题应该具有创造性。对于中学生地理研究性学习课题的选择，创造性原则的要求主要是强调要有创新的思想，力求有创新的见解，并争取学习创新的方法。

例如，针对世界环境污染的现状，如果我们能够通过研究性学习的开展，让学生就减少环境污染提出一些建设性的建议，那么我们地理课程的研究性学习也就有了实践意义。

3.科学性原则

中学生地理研究性学习课题的选题过程中，所选定的课题必须具有事实依据或者符合科学规律。一切迷信的、唯心主义的内容，都应该置于选题之外。换一句话说：地理研究性学习的选题必须尊重科学、实事求是。

这一点在我们国家尤其具有针对性。我国是一个人口大国，农村人口在我国总人口中占了相当大的比重。在我国的部分农村地区，人们的文化素养相对较低，他们受唯心主义思想的影响比较深，比较迷信。例如，如果某一段时间干旱少雨，一些村民会举行仪式来求雨。这样的情况，势必会对我国农村地区的部分中小学生产生一定的负面影响。中小学地理教师在指导研究性学习的选题时，一定要注意选题的科学性，避免闹出笑话，贻笑大方，误人子弟。

4.可行性原则

中学生地理研究性学习课题选题时，要从主、客观条件考虑准备选定的问题有没有实现的可能性，一般可以从课题研究者本人的年龄、学识水平，以及研究者所在学校的硬件配置等方面考虑。也就是说，选题要量力而行，不能脱离自身实际情况和社会现实，这一点十分重要。例如，一个连天文望远镜都没有的地区，却让学生去研究天象，无论如何是行不通的。

（二）制定研究方案

制定研究方案，就是地理研究性学习课题组的成员在教师的指导下，对已经掌握的背景资料进行讨论、分析，并在此基础上确定研究目标、研究工作方法和实施步骤，安排研究工作的进程，确定切实可行的技术路线。研究方案以课题组为单位填写，可以用条文形式或者图表形式呈现。其具体内容包括：课题名称、指导教师、课题界定（课题研究的范围）、研究目的、研究内容、条件分析、人员分工、研究方法与步骤、预期的成果，以及研究成果的表达形式等内容。

（三）课题实施

地理研究性学习的研究方案制定好以后，要实现预定目标，完成研究性学习的既定任务，就要搜集大量可靠的有价值的相关信息。例如：文献资料、真实有效的具有说服力的数据，在研究性学习的过程中发现的与课题有关的内容、与课题有关的实验及其结果等。

研究性学习课题实施阶段的主要任务是：进一步搜集有关资料，实地调查访问，设计并完成与课题有关的调查问卷、相关实验等。本阶段任务繁重，一般需要二至三个月，甚至半年或更长的时间。一般情况下，在这一阶段，指导教师没有必要自始至终参与其中。但是，教师的指导作用是不容忽视的。由于中学生的年龄和知识水平有限，他们对研究性学习的内容与过程了解还不够，对研究性学习的步骤、进程、方法，以及所需时间等都不是很明确。因此在研究性学习课题的实施阶段，离不开教师的指导。另外，在地理研究性学习的过程中，对课题研究小组成员之间关系的协调、课题的进展状况、具体的研究方法与手段等问题，应该引起指导教师的重视。

（四）课题结题

经过课题组一段时间的努力以后，他们往往收集到了许多与课题有关或者无关的资料，指导教师应当及时地给予指导，指导他们学会分析和使用资料，找到与课题有关的资料或者实验结果，发现科学的解决问题的方法，这时，课题组就可以结题了。课题组结题的形式是多种多样的，如：调查报告、观察报告、科研小论文、经验总结等。

（五）成果的展示与评价

因为研究性学习大多处于起步阶段，在我国的许多学校的开展主要是教师指导学生开展一些小型科研课题的研究，以及一些科技小制作。所以，许多学校比较重视研究性学习的成果交流展示和评价。交流多以成果汇报为主要形式；评价则往往比较偏重课题研究的过程，如学生进行课题研究的态度、研究过程中学生的科研及动手能力是否有所增强等。

（本文节选自高等教育出版社2003年版《地理新课程研究性学习》，有改动。）

“深度学习”在初中区域地理教学中的实践探究

近年来，随着人工智能的逐步发展，深度学习理念受到了很多行业的关注，教育行业也不例外。作为一名一线教师，我通过对深度学习理念的学习、实践、探索，感悟到深度学习可以促进学生地理学科思维的发展，可以有效落实地理学科核心素养。深度学习对初中地理教学，尤其是初中区域地理的教学有一定的价值。

一、深度学习对现代教学的意义

深度学习是机器学习领域中一个新的研究方向。其目的是让机器通过深度学习，能够模仿人类视听、思考等深层次的认知活动，从而具有一定的分析和学习能力，解决复杂的模式识别难题。深度学习的理念使得人工智能相关技术取得了很大发展。

其实，在现代教学领域中，深度学习的理念早已有专家进行过研究和探索。早在1956年，美国当代著名教育家布鲁姆在其《教育目标分类学》一书里关于“认知领域目标”的探讨中，对认识目标的维度划分就蕴含了深度学习的思想，即“学习有深浅层次之分”。书中将教学目标分为知识、领会、应用、分析、综合、评价六个由浅入深的层次[①]。学习者的认知水平停留在知识或领会的层次则为浅层学习，涉及的是知识的简单提取等低阶思维活动。而认知水平较高的应用、分析、综合和评价等高阶思维活动，属于深层学习。由此看来，布鲁姆深层学习的理念与深度学习存在一致性。

当机器都已经不再单单是以存储为功能，而开始转向像人一样能够“思考”的时候，作为教育工作者，我们更应该清醒地意识到，为实现中华民族伟大复兴而培养创新性人才的目标，我们今后的教学绝不能够仅仅停留在知识传递的低阶思维的浅层学习层面，而是应该通过教学，帮助学生通过深度学习来提高分析、评价、创造等高层次的思维能力，为国家创新性人才的培养打下扎实的基础。

二、深度学习在地理教学中的反思、思考与探究

作为一名有多年教学经验的初中地理教师，我在学习了深度学习的理念后，反思以往的教学，很有感触：以往的地理课堂教学，受制于应试教育，教学目标以学生掌握课本上的地理知识，并通过习题训练使学生考试取得好成绩为主。因此课堂教学往往比较注重知识点的简单复述和与考试内容有关的地理题目的机械训练。学生对地理知识的学习大多是浅层学习的状态。学习过程中缺乏地理学科思维能力的培养。

我个人认为，深度学习的理念落实到初中地理的教学中，不是尽可能地增加地理课堂知识的传授量和知识点的难度，而应该是在深度学习的理念引领下，创设具有一定思维深度的课堂教学问题情境，激发学生通过思考问题，发现地理学科知识蕴含的原理，运用地理学科知识解决学科问题，提高学科素养的深度学习。

近两年在深度学习理念的引领下，在地理教学的反思、实践、

① 布鲁姆.教育目标分类学[M].罗黎辉，丁证霖，石伟平，等译.上海：华东师范大学出版社，1986:43.

探索中，我感觉深度学习的理念非常契合初中区域地理教学的内容，深度学习对初中区域地理的教学更有实效。

三、深度学习在初中区域地理教学中的思考、实践与探究

区域地理教学，是初中地理教学内容中很重要的一个组成部分。六年级世界地理部分的学习，主要从某一个国家，或者一个地区来展开，例如日本、撒哈拉地区等；七年级的中国地理部分的学习，则是从某一个省级行政区（如台湾省、北京市等）、地形区（如黄土高原、青藏高原等）、其他经济和旅游区（如沪宁杭地区、西双版纳傣族自治州等）等进行。

1.通过创设综合性的问题情境，学习区域地理——六年级世界地理部分

回顾与反思多年来我在六年级世界地理部分的教学过程，我感觉自己和大多数地理教师的授课方式比较相似，往往以课本上的几个小标题所讲述的内容为教学目标展开教学。以沪教版地理六年级第一学期“东方文明古国——印度”为例，该节的小标题分别是“世界第二人口大国”“农业生产大国”“发展中的科学技术”“历史悠久的文明古国”。我能够做的最大改变可能也就是根据自己的设计或者对课本知识的解读，将几个小标题的教学顺序进行调整而已。

学习深度学习理念以后，我感觉以往的授课过程中，学生多侧重于知识点的学习和识记，只是记住了地理教材中关于印度的一些基本知识，属于浅层学习。他们并没有通过上课，学习到“印度”这一节课中有关的地理规律和原理，因而对印度也就缺乏系统的理性认知。

有关区域地理的学习内容，尽管表面上看起来，知识点是零散的，但从地理学科角度看，可谓“形散而神不散”。区域地理的学习

将自然地理和人文地理有机地融合在一起，充分体现了地理学科的区域性和综合性。在深度学习的理念下，我通过深度思考，尝试创设一个关于印度的综合性的问题情境，以此把课本上有关的知识点联系起来，启发学生思考、探究，展开课堂教学的深度讨论，进而促进学生对教材知识产生系统性的认知，提高学生思考问题、分析问题和解决问题的能力。

在此设想下，我把“东方文明古国——印度”这节课的学习设计成为一个具有综合性的问题情境：东方文明古国——印度是一个农业大国。课堂上，我将学生分为几个小组，以地理教材和地图册为资源，启发学生自主寻找印度成为农业大国的有关条件。通过阅读、思考、讨论，学生很快就可以找出如下的答案：印度是亚洲耕地面积最大的国家；印度气候类型以热带季风气候为主，水热资源丰富；印度是世界第二人口大国，农业生产有丰富的劳动力资源，也有巨大的农产品市场；印度是世界上养牛最多的国家，农业生产有畜力支持；印度是世界上最大的软件出口国，现代化的高科技可以为农业生产提供一定的助力……

在这个综合性的问题情境的启发下，学生很自然地把“世界第二人口大国”“养牛最多的国家”等主要知识点找出来了。而且这些知识点都通过农业大国这个综合问题情境系统地串联起来。这样的教学设计，让学生通过学习，掌握了印度这一节课的重点内容——“世界第二人口大国”“发展中的科学技术”等，并使学生对农业生产的区位条件也有了一定的系统认知。

再比如沪教版地理六年级第一学期的“世界第一经济大国——美国”这一节课。在深度学习理念的引领下，我设计了“美国是世界第一经济大国”的综合性问题情境，这就把地理教材中看似分散的知识点有机地联系起来，如：美国是第一经济大国，在课本中有哪些体现？（世界上最大的农产品出口国、世界上最发达的工业国、

“汽车轮子上的国家”、世界上能源消费量最多的国家等）美国为什么能够成为世界第一经济大国？课本中有哪些体现？根据生活中的知识，你有哪些补充回答？（移民为主的国家、科技发达、自然条件优越等）

2.深度“把握区域特征”，学习区域地理——七年级中国地理部分

以往中国地理部分内容的教学模式和世界地理部分差别不大，也是以课本的几个小标题为重点内容，展开教学。但是，在深度学习理念的影响下，我感觉到这一部分的教学也亟待改进。以沪教版地理七年级第一学期“新疆维吾尔自治区”为例。以前上这节课，我课前会花心思去找资料，认真备课。上课的时候，会用大量精美的视频、图片等资料，充分体现新疆多民族的文化特征。一节课的时间，大部分花在了“和谐相处的民族”上。看起来热热闹闹的课堂，既没有把握住教学重点，对学生思维能力的培养也不甚理想。

实际上，七年级中国区域地理部分的教学要求中明确指出“把握特征，学习地区”这个教学目标。这就要求教师在教学设计中，一定要明确该区域最突出的特征，设计相应的教学。结合深度学习的理念，我在中国区域地理的教学中，认真备课，加强学习，把握地区的突出特征，并且根据这个特征，通过创设能激发学生思考、讨论的问题情境，展开课堂教学。

新疆维吾尔自治区最突出的特征：独特的地理位置——它位于我国西北部。我在课上利用地图册，向学生阐明新疆独特的位置以后，请学生思考：该区域绝大部分的地理特征都与该区域的地理位置相关联，这样的地理位置，会对新疆的气候、民族、工农业生产等产生什么样的影响？因为新疆维吾尔自治区是我国面积最大且位于我国西北边境的一个省级行政区，有多个相邻的国家，民族众多，

各民族亲如一家。因为位于西北内陆、远离海洋，新疆绝大部分地区属于典型的温带大陆性气候。该气候最突出的两个特点：降水稀少，气温的日较差、年较差都很大。因为降水稀少，气候干旱，所以沙漠广布，新疆有我国面积最大的沙漠——塔克拉玛干沙漠。因为沙漠广布，只能在盆地边缘和部分沿河地区，发展绿洲农业；在海拔高的半干旱的山区，发展山地牧场。因为气温日较差大，才有了“早穿皮袄午穿纱，夜晚围着火炉吃西瓜”的有趣现象。因为日较差大，新疆的瓜果格外香甜，有畅销全球的新疆长绒棉。通过把握区域特征来学习地区，学生对新疆的地理知识有了一个完整、深刻而理性的认知，不仅“知其然”，而且“知其所以然”。

其他区域地理的教学中，我也采用“把握区域特征”的教学思路，启发学生进一步思考、学习，效果很不错。如“青藏高原地区”一节，我就重点突出青藏高原是位于内陆地区的、世界海拔最高的高原这一区域特征来教学。

3.通过案例教学法，学习六、七年级“自主学习”章节

受课时和教材篇幅的双重限制，中学地理教材不可能把世界或中国所有的区域都一一呈现。事实上，无论是六年级还是七年级，沪教版的地理教材都有需要学生自主学习的章节。如沪教版地理六年级第一学期的“自主学习　认识国家”、七年级第一学期的“自主学习　认识区域”。

从义务教育地理教材这样的设置来看，自主学习部分对学生提出了更高的要求。学生需要有自主学习的主动性和学习区域地理的方法。教材这一部分可以看作“学习对终身发展有用的地理”的良好载体。事实上，在以往的地理教学中，受教学时间限制，教材中自主学习的内容通常不被师生们重视，有时候甚至被直接忽略。值得一提的是，《课标》对区域地理的学习还有更深层次的要求：选择

一个教科书没有介绍过的区域，收集、整理资料，归纳该区域地理特征，以适当方式（如墙报、图片展等）予以展示。目前情况下，大多数地理教师的地理教学几乎达不到这一要求。

俗话说“授人以鱼，不如授人以渔”。在深度学习理念的引领下，我把区域地理课堂教学中所学习的每一个区域当作是区域地理学习的一个“案例”，要求学生通过认识所学区域的自然地理和人文地理的主要特征，进一步掌握学习区域地理的一般方法，养成分析与解决地理问题的能力，建构属于学生自己的地理要素认知结构，逐步培养学生学会从已经学习的区域案例中总结区域地理学习的方法和技能，达到举一反三的迁移学习效果。这样，学生在独立认识新的区域时，便知道从哪些方面去理解、认识和评价其地理特征。在此基础上，学生可以自己选择教材中“自主学习”章节中感兴趣的区域展开自主学习。此外，我鼓励学生充分利用寒暑假的时间，寻找教材以外、跟生活密切联系的区域，展开学习。开学后以地理小报或者PPT的形式展示交流。

区域地理教学中，依托深度学习，帮助学生养成自主学习区域地理的方法、技能与习惯，既有助于学生学习地理教材中自主学习的内容，同时也达成了学生学习对终身发展有用的地理课程基本理念。

四、结语

深度学习理念在初中区域地理教学中的运用，启发了学生的地理学科的科学思维，提高了学生地理课堂的学习效率，有效落实了地理学科的核心素养。在今后的地理教学，尤其是初中区域地理教学中，我会继续探索和实践深度学习的理念，培养学生地理学科区域认知能力和综合思维能力，“从学科教学走向学科育人”！

引用古诗词促进地理教学

《中国诗词大会》是我国中央电视台首档全民参与的诗词类节目。该档节目以“赏中华诗词、寻文化基因、品生活之美”为基本宗旨，力求通过对诗词的识记比拼和赏析，带动大家重温那些曾经学过的古诗词，品味诗词之优美，感受诗词之有趣，从古人的智慧和情怀中汲取营养，涵养心灵。从节目开播至今，在全国掀起了一股学习古诗词的热潮。虽然我是一名中学地理教师，但是多年以来，我一直都是一名古诗词的爱好者。从教二十多年，我在地理课堂教学中，经常引用古诗词。古诗词的引用，使我的地理课堂特别精彩。通过诵读古诗词，学生领悟了一些难以理解的地理现象，提高了他们对地理课的学习兴趣，极大地促进了我的地理教学效果。

一、通过古诗词诵读，引入新课，促进学生掌握河流的水文特征

在讲沪教版地理七年级第一学期“河流与湖泊”这一章节时，“黄河”、“长江”都是重点内容。在这两节课的学习中，我都引用过古诗词，取得了很好的教学效果。

在上“黄河”这一节课时，我问学生：学过唐代诗人王之涣的《登鹳雀楼》吗？同学们很自然地一起背了起来：“白日依山尽，黄河入海流。欲穷千里目，更上一层楼。”等他们一背完，我马上提问：唐诗“黄河入海流”中，黄河究竟是注入哪一个海呢？请他们在地理图册的第20页上，找出黄河注入的海洋并且圈划出来。就这样，在诵读古诗中，自然而然地开始了新课的学习。学生也因为对这首以前学过的古诗的诵读，提高了对这节地理课的兴趣。

黄河的水文特征是：上游河流落差大，水能丰富；中游水量大增，含沙量也大增；下游是“地上河”。在讲述黄河上游、中游的水文特征时，我分别引用了唐代诗人李白的《将进酒》“君不见黄河之水天上来，奔流到海不复回”，唐朝诗人刘禹锡的《浪淘沙》“九曲黄河万里沙，浪淘风簸自天涯”。我请学生在地图册“我国地形与地势”图中，找出“黄河之水天上来”的原因。学生很容易就发现：在黄河上游地区，黄河跨越了我国地势的第一、第二级阶梯，河流落差达两三千米，“黄河之水天上来”也就不言而喻了。那么，为什么刘禹锡会有“九曲黄河万里沙”的感慨呢？此时，我会介绍到“泾渭分明”是一个成语，源自黄河的一种自然景观。渭河是黄河最大的支流，泾河又是渭河最大的支流。从流经的地域来看，渭河自甘肃鸟鼠山，流经陕西关中平原注入黄河；而泾河全程流经的黄土高原，是世界上水土流失最严重的地区之一。泾河和渭河在古城西安北郊交汇时，由于含沙量不同，一清一浊，呈现出清水浊水同流一河互不相融的奇特景观。后人就用泾河之水流入渭河时清浊不混来比喻界限清楚或是非分明，比喻对待同一事物表现出来的两种截然不同的态度。当然，还有其他黄河的支流也来自黄土高原，导致黄河经过中游以后，变为一条泥河。刘禹锡发出“九曲黄河万里沙”的感慨也就不足为奇了。学生听完以后感觉很有意思：唐代的诗人都能够在诗歌里准确地描述黄河的水文特征！太了不起啦！

我国第一大河长江的水文特征是：上游水流湍急，水能巨大；中游江面展宽，河道弯曲；下游江阔水深，水流平稳，利于航运。在讲述完上游特点时，我引用了李白的《早发白帝城》："朝辞白帝彩云间，千里江陵一日还。两岸猿声啼不住，轻舟已过万重山。"诗中"两岸猿声啼不住，轻舟已过万重山"把长江上游水流湍急的特点体现得淋漓尽致。学生通过诵读古诗，深刻地体会了长江上游水流湍急、水能巨大的特点。在讲述完长江中游、下游河道展宽，水流平稳的特点后，我引用了李白的《黄鹤楼送孟浩然之广陵》："故人西辞黄鹤楼，烟花三月下扬州。孤帆远影碧空尽，唯见长江天际流。"这首诗学生在小学时都学习过，地理课上，通过一起朗读古诗，体会诗歌中"孤帆远影碧空尽，唯见长江天际流"所体现的长江中下游河道宽阔的特点，既加深了学生对河流水文特征的理解，又活跃了课堂气氛，同时也复习了曾经学习过的古诗，弘扬了中华民族的传统文化，可谓一举多得。

二、利用古诗词验证一些地理现象，促进学生对地理知识、地理现象的理解

"书读百遍，其义自见"。在二十多年的地理教学中，我发现地理课堂上引用一些古诗词，可以促进学生对某些地理知识、地理现象的理解。

我国是一个深受季风气候影响的国家。影响我国的季风分为冬季风和夏季风。由于冬季风的源地是寒冷干燥的蒙古-西伯利亚，夏季风的主要源地是太平洋。因此，冬季风为偏北风，寒冷干燥；夏季风为偏南风，温暖湿润。在讲述完冬季风、夏季风的特点后，我引用了下面的古诗词，让学生在诵读古诗的过程中，体会冬季风和夏季风迥然不同的特点。

北风其凉，雨雪其雱。北风其喈，雨雪其霏。（《诗经·邶风·北风》）

塞垣苦寒风气恶，归来面皱须眉斑。（〔宋〕谢逸《送董元达》）

十里向北行，寒风吹破耳。（〔唐〕白居易《早朝贺雪寄陈山人》）

明月照积雪，朔风劲且哀。（〔南北朝〕谢灵运《岁暮》）

寒风响枯木，通夕不得卧。（〔唐〕晁采《子夜歌十八首》）

烈烈寒风起，惨惨飞云浮。（〔唐〕李世民《冬狩》）

东风随春归，发我枝上花。（〔唐〕李白《落日忆山中》）

烟水初销见万家，东风吹柳万条斜。（〔唐〕窦巩《襄阳寒食寄宇文籍》）

等闲识得东风面，万紫千红总是春。（〔宋〕朱熹《春日》）

沾衣欲湿杏花雨，吹面不寒杨柳风。（〔宋〕志南《绝句·古木阴中系短篷》）

我国季风区与非季风区是以大兴安岭—阴山—贺兰山—巴颜喀拉山—冈底斯山一线为界的。在讲述这一知识点时，我先请学生在地图册上用铅笔描绘我国季风区与非季风区分界线，然后请他们在地图上找一找玉门关在哪里。告诉学生，我国季风区与非季风区的界线，其实古人早就通过生活中的细致观察发现了。我引用了唐朝诗人王之涣的《凉州词》："黄河远上白云间，一片孤城万仞山。羌笛何须怨杨柳，春风不度玉门关。"课堂上学生和我一起背诵这首古诗后，不禁啧啧赞叹。他们对我国季风区与非季风区分界线的印象更加深刻了。

在高中地理课学习"大气的组成与垂直分层"一节时，讲到了地球大气对流层的特点：气温随高度的增加而递减，空气对流运动显著，天气现象复杂多变。其中，对流层气温随高度的增加而递减，主要是因为对流层大气的热量绝大部分直接来自地面辐射，所以离地面越高的大气，受地面辐射越少，气温越低。“海拔高度每上升1000米，气温大约下降6℃”。课堂上讲述这一知识点时，学生似懂非懂。看着学生迷茫的样子，我引用了一首古诗，白居易的《大林寺桃花》：“人间四月芳菲尽，山寺桃花始盛开。长恨春归无觅处，不知转入此中来。”因为山上海拔高，气温比山下低，山上的桃花比山下的开得晚，所以才有了“人间四月芳菲尽，山寺桃花始盛开”的自然现象。看到他们恍然大悟的样子，我又适时地请学生诵读了苏轼的《水调歌头·明月几时有》中的“我欲乘风归去，又恐琼楼玉宇，高处不胜寒”。看到他们通过对古诗的诵读，逐渐地理解了海拔高度上升，气温下降的知识点时，我真是由衷地感到高兴。

在高中地理课“冷热不均的热力环流”一节中，讲到大气的热力环流时，山谷风（图1）、海陆风是课堂教学的难点。在山谷地区，白天，山坡接受太阳光热较多，成为一只小小的“加热炉”，空气增温较快；与山顶相同高度的山谷上空，因离地面较远，空气增温较慢。于是山坡上的暖空气不断膨胀上升，在山顶近地面形成低压，并在上层从山坡流向谷地上空，谷地上空空气收缩下沉，在山谷近地面形成高压，谷底的空气则沿山坡向山顶补充，这样便在山坡与山谷之间形成一个热力环流。近地面的风由谷底吹向山坡，称为谷风。到了夜间，山坡上的空气受山坡辐射冷却影

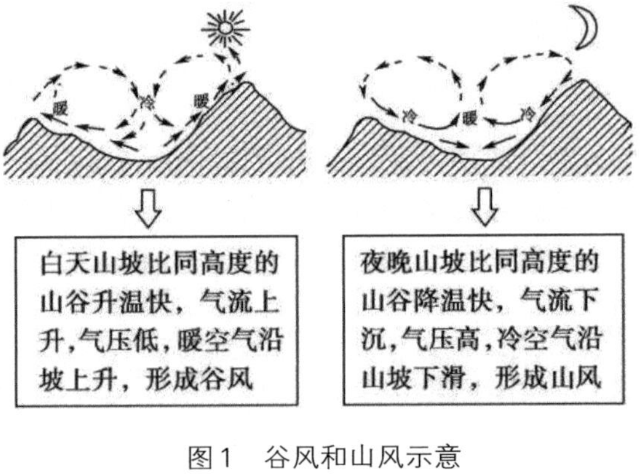

图1　谷风和山风示意

响，“加热炉”变成了“冷却器”，空气降温较多；而同高度的谷地上空，空气因离地面较远，降温较少。于是山坡空气收缩下沉，在近地面形成高压，冷空气下沉使空气密度加大，顺山坡流入谷地，谷底的空气被迫抬升，并从上面向山顶上空流去，形成与白天相反的热力环流。近地面的风由山坡吹向谷地，称为山风。由于谷底空气抬升，在对流层，海拔上升，气温下降，空气遇冷凝结，便容易出现降雨的天气。讲述完山谷风的热力学原理以后，我引入了唐代诗人李商隐的《夜雨寄北》中的一句古诗“何当共剪西窗烛，却话巴山夜雨时”。通过“巴山夜雨”，学生很容易就理解了山谷风的现象了。听到这里，有一位古诗文学习基础特别好的学生，居然背出了唐代诗人许浑的《咸阳城东楼》中的一句古诗“溪云初起日沉阁，山雨欲来风满楼”。明白了山谷风，那么，海陆风的知识点也就迎刃而解了。

三、利用古诗词，强化月相的教学

月相是高中地理必修课的基础知识。月相的变化是周期性的。农历初一，地球上看不到月亮，这天是朔。朔之后一两天，在傍晚西部天空露出弯弯的蛾眉月，凸面向着落日的方向。五六天后，成了明暗各半（西半边亮）的“上弦月”，再过七天（农历十五前后），便到了满月。满月以后，月面西部日益亏缺，过了七天，又变成了明暗各半（东半边亮）的“下弦月”。下弦月于半夜升起。下弦月后，月亮继续亏缺，成为黎明前挂在东方天空的残月。残月在天空中的位置愈来愈接近太阳，明亮部分也愈来愈少，终于转到和太阳相同的方向，月亮也就全部变黑了，朔又来临。月亮从新月位置到再次回到新月位置所需时间平均为29.53天，也就是说，月相的更替变化周期平均为29.53天，称为一个“朔望月”。

上海，作为一个国际化的大城市，夜晚的星空被城市良好的照明所影响。通常情况下，学生观察月相的条件并不理想，对月相缺乏相应的感官认识，学习月相时兴趣不浓。考虑到古时候人们还会用月相来判断时间，学生学过的古诗中也有很多描绘月相的，我便在月相教学中，引入古诗，提高了学生学习月相的兴趣，取得了很好的效果。上这一节课时，我先把月相的名称、形状、对应的时间讲述清楚，然后，再把古诗通过地理课件展示给学生，让他们根据所学知识，判断古诗中所描绘的月相。例如新月，每月初一，日出而出，日落而落，彻夜不见；满月，每月十五、十六，圆形，日落而出，日出而落，彻夜可见；上弦月，每月初七、初八，西面一半是亮的，半圆形，正午出来，子夜落下；下弦月，每月二十二、二十三，东面一半是亮的，半圆形，子夜出来，正午落下……我引用的关于月相的部分古诗如下：

月落乌啼霜满天，江枫渔火对愁眠。姑苏城外寒山寺，夜半钟声到客船。（上弦月）

月上柳梢头，人约黄昏后。（满月）

今宵酒醒何处？杨柳岸，晓风残月。（残月）

月黑雁飞高，单于夜遁逃。（新月）

一道残阳铺水中，半江瑟瑟半江红。可怜九月初三夜，露似真珠月似弓。（上半月的娥眉月）

海上生明月，天涯共此时。（满月）

人闲桂花落，夜静春山空。月出惊飞鸟，时鸣春涧中。（下弦月）。

（原文发表于《现代教学》2017年第9期，收入本书时有改动。）

教师与学生及家长沟通交流的体会与建议

做了教师以后，工作中与人沟通交流的机会就越来越多了。在学校里，除了单位同事以外，教师和学生、家长的沟通交流是比较常见的。下面谈谈教师与学生及家长沟通交流的体会与建议。

一、教师与学生的沟通与交流

1.和谐的师生关系是提高教学质量至关重要的一个因素

儒家经典之一的《礼记·学记》有曰："故安其学而亲其师，乐其友而信其道。"苏联教育家苏霍姆林斯基说："如果学生不愿意把自己的欢乐和痛苦告诉老师，不愿意与老师坦诚相见，那么谈论任何教育总归都是可笑的，任何教育都是不可能有的。"师生关系是影响教师教学效果和学生学习效果的一个重要因素。良好的师生关系能够为学生的学习创造一个和谐、轻松的氛围，有利于激发学生的求知欲，提高他们学习的自觉性、主动性、积极性、创造性，有利于充分发挥学生的主体作用，提高学习效果。反之，不良的师生关系则是学生学习的绊脚石，不利于学生思维的发展，降低学习效率。

多年的工作中，我也发现：学生如果喜欢一位教师，对这位教师任教的课是非常期盼的。同时，教师对这个学生的批评教育，学生也比较容易接受。因此，和谐的师生关系是提高教学质量至关重要的一个因素。

2.师生平等相待是建构良好师生关系的基础

由上述内容可知，工作中，教师想要提高教学质量，就一定要注重建构良好的师生关系。我认为，师生平等相待是建构良好师生关系的基础。而师生间真正的平等是建立在教师具有“同理心”的基础上的。师生交流中，教师不可高高在上，而是尽可能站在学生的角度，尽最大可能了解他们，关心他们，理解他们的所言所想所行。苏联教育家苏霍姆林斯基的一句话我深深地记在脑海里：“要使孩子的心同我讲的话发生共鸣，我自身就需要同孩子的心弦对准音调。”师生相处，教师要摒弃居高临下的态度，与学生平等相处，体会他们的情感、体会他们的想法，想办法走到学生的心里头去，从而建构良好师生关系。

3.尊重每一个学生

学生和教师一样，也有各种各样的需要。其中，渴望得到别人的尊重是非常重要的一个方面。学生渴望得到教师的尊重，希望教师能维护自己的自尊心；教师只有尊重学生，才能真正把学生放在主体地位，才能得到学生的尊重。这样，师生间有良性互动，师生关系才可以融洽。

教师不仅要尊重学生，还要做到尊重每一个学生。课程改革的学生观强调：学生是独特的人，学生都有自身的独特性；学生是具有独立意义的人，学生是独立于教师的头脑之外，不以教师的意志为转移的客观存在。的确如此，一个班级的学生，在各方面的表现不尽相同：有的学生遵规守纪、成绩优秀；也有的学生对学习缺乏兴趣，上课的时候扰乱课堂纪律……无论如何，都需要我们教师对每一位学生，尽量做到一视同仁。尤其是当两个平常表现有明显区别的学生在产生矛盾冲突的时候，教师千万不能想当然地以为问题出自那个平常表现欠佳的学生。教师不能因某位学生成绩优秀、表现乖巧而给予特别关照，更不能因某些学生表现不佳而讽刺、挖苦和歧视他们。相反，对于成绩及表现优秀的学生，作为教师，我们更要对他们严格要求。而对那些成绩落后、会给自己的班级管理及课堂教学带来困扰的学生，我们则需要给他们多一些鼓励和关怀。事实上，多年的教师生涯，我的体会是：工作中，让你操心越多的孩子，和你的感情反而越深。如今的社会是个多元发展的社会，需要各种各样的人才。作为教师，我们有责任和义务帮助他们树立自信，发现自身的优势和特长。我们绝对不能只关注学生的学习成绩，把学生按照学习成绩分成三六九等。这种狭隘的分层会扼杀一部分孩子的良性发展可能。

4.表扬、批评学生要讲究时机、方式、方法

法国作家拉封丹曾写过一则寓言，讲的是北风和南风比威力，看谁能把行人身上的大衣脱掉。北风首先来一个冷风凛凛、寒冷刺骨，结果行人为了抵御北风的侵袭，便把大衣裹得紧紧的。南风则徐徐吹动，顿时风和日丽，行人觉得很暖和，所以开始解开纽扣，继而脱掉大衣。结果很明显，南风获得了胜利。拉封丹这则寓意深刻的寓言后来成为社会心理学的一个概念，被称为“南风效应”“南风法则”或“温暖法则”等。南风效应启示我们，即使学生犯了错，批评时也应该尽可能采取温和的方式，而不是疾风骤雨般一顿批评，不讲究时机和策略。

批评学生要讲究时机。一般情况下，学生刚刚闯祸以后，情绪

还没有平复下来。这个时候，教师如果劈头盖脸地批评，很可能会火上浇油，起到寓言中“北风”的作用。教育效果适得其反。若是碰到脾气暴躁的学生，他可能还会歇斯底里地乱发脾气，让人难堪呢！所以，一旦学生犯了错，错误的行为被教师制止以后，最好先冷处理。把犯错学生喊到办公室以后，教师先忙自己的事，使用沉默的方式，让学生有一个自省的时间。教师不搭理他的这个过程中，他内心肯定会“十五个吊桶打水——七上八下”的，不知道教师会怎么处罚他。因此，批评教育违纪学生，要等一定的时间。说不定有的学生还不等你批评，就主动认错了。教师抓住这个时机进行“南风”般温暖的批评。此时，学生激动暴躁的情绪早就已经平复下来，在教师的批评教育下，进一步反省自己的行为，教育效果自然会好一些。

此外，想要建构良好的师生关系，教师表扬、批评学生要讲究方式方法。多年的经验告诉我，表扬学生，最好是对学生个体进行表扬，起到的效果会更加明显。批评学生的时候，最好不指名道姓，能起到警示提醒作用就可以。如果个别学生犯了错，的确需要批评，最好在办公室，而且也得“先扬后抑”：先指出学生最近有进步或者表现好的地方，然后再讨论这件做错的事情。一般情况下，这样的沟通方式，学生也比较容易接受老师的批评。

当然，良好的师生关系并不是教师一味迎合学生的需要。作为良师益友，教师也是学生成长的引导者。教师既要从学生的角度去考虑问题，也要从师长的角度去引导教育，和学生同心合力解决成长中遇到的问题。

值得一提的是，现在的学生思维活跃，自我意识很强，对教师和家长的敬畏感比较缺乏。所以，也有的学生，教师对他表现客气点儿，他有可能会认为教师对他特别有好感，就可能把“师道尊严”放到脑后了。碰到这样的学生，教师一定要及时提醒自己，与其要保持一定距离。还有，现在是一个信息化社会，有的学生甚至会要求加教师的微信，想在同学面前显摆自己和教师的关系非同一般。如果个别学生有这样的要求，我是不建议教师们去满足他的。一方面，国家有关部门有学生手机使用管理的文件；另一方面，尽量减少因此可能带来的麻烦。

二、教师与学生家长的沟通

1.教师与家长的相互沟通有助于家校间形成教育合力

孩子的教育，主要来自家庭教育与学校教育两个方面。教师和家长作为孩子共同的教师，他们之间的良好沟通是非常重要的，对孩子的成长有着深远的影响。这就要求教师和家长经常性地互相反馈，共同教育好学生。家长和教师的沟通能让他们彼此更全面地了解孩子。因为孩子们在学校里的各方面表现情况，家长只有通过和教师的沟通才能了解。同样，教师也只有通过家长的反馈，才可以更好地了解孩子的性格特点、爱好特长等具体情况。在此基础上，教师与家长再根据情况，对孩子进行相应的教导。一般说来，教师与学生家长互动沟通越密切，学生“钻空子”的机会就越少，对学生无形中的约束力也就会越大。因此，教师与家长的相互沟通有助于家校间形成教育合力，共同有效地培养学生健康成长。

2.教师与学生家长的沟通，要注意方式方法

教师与家长的沟通，要注意方式方法。工作中，我有时候发现，有的年轻教师，由于工作经验不足，自身定位不清，在家长面前表现得居高临下，看起来好像学生家长也是他的学生。孩子不听话，家长被教师喊到学校来，本身心里就不舒服，再加上教师这样的沟通态度，心情郁闷，这样的情况往往容易使得家长与教师间形成对

立，不仅教育学生的合力没有形成，还可能会适得其反。所以，教师和学生家长沟通的时候，首先要尊重家长，不要一味地指责，要将心比心，换位思考。和学生家长沟通学生情况的时候，不能仅仅说学生表现不好的地方，也要实事求是地告知家长，孩子有的地方还是不错的。先指出孩子优点的交流方式，有助于拉近教师与家长的心理距离，促进家长配合教师对学生的教育。教师要把家长当作自己教育学生的伙伴，而不是对手。

3.教师与学生家长相处应“君子之交淡如水”

现在的家长，普遍比较重视孩子的教育。由于一些家长的知识水平、教育方法等有一定的问题，教育孩子，对他们来说并不是一件容易的事情。有时候，他们和孩子的沟通甚至会很糟糕。这样的家长，往往会把教师当作教育孩子的“最后一根稻草”。比方说，我做班主任的时候，就有这样的家长，说孩子在家一点都不听话，孩子的教育就只能靠教师了。有的家长甚至会送一些礼物。这个时候，一定要记住：千万不能收！一旦拿了，有可能使得教师在学生管理中有失公平，甚至因此失去了在学生面前的公信力。而且，这也是师德绝对不允许的。所以说，教师和学生家长相处要“君子之交淡如水”。面对这些家长，最好开诚布公地交流，尽可能多给家长普及一些家庭教育知识，以及针对学生个体教育的建议。同时，努力做家长和学生沟通的“黏合剂”，尽可能早日形成家校间教育合力。

4.教师被家长误会的时候，保持冷静不急躁

现在家长的维权意识更强。有的家长“望子成龙”“望女成凤”的心十分迫切，当看到孩子的班主任是一位刚刚工作的新教师的时候，便主观地认为年轻教师，缺乏经验，不可能教得好，担心自己孩子的成绩。他们很可能会有先入为主的偏见，认为年轻教师不适

合。工作中，家长可能会“找茬”，甚至还可能会碰到有家长到学校找校长投诉的情况。碰到这样的情况，应该怎么办呢？首先，发生这样的事情，教师一定要保持冷静，不能影响教学工作的正常开展。其次，要分析一下：有家长投诉，是不是我的工作出现了问题？通过分析原因，来确定下一步的行动。如果的确是教学或者管理上的问题，例如经验不足，话说得不恰当，或者有些事处理得不太好，那么，想办法和家长及时沟通，承认自己工作上的失误，并向家长真诚致歉。如果分析发现不是自身工作上的问题，不用生气、不要抱怨，耐心地向家长解释说明情况，请求理解：虽然年轻教师经验不足，但是有旺盛的精力和高度的工作热情，会踏踏实实做好学科教学和班级管理工作的，请家长放心。

学做一个有特色的班主任

年轻教师进入教育工作岗位以后，学校一般都会安排其担任班主任。个人认为，负责班主任工作，是非常有必要的，也是很有成就感的。班主任是全面负责一个班级学生的思想、学习、健康和生活等的教师，是一个班的组织者、领导者和教育者。班主任的基本任务是按照德、智、体、美全面发展的要求，开展班级工作，全面教育、管理、指导学生。班主任与任课教师的区别在于任课教师只负责本学科教学，而班主任除此之外还要全权负责管理一个班级。同时，班主任也是一个班级中全体任课教师教学、教育工作的沟通者和协调者。

一、班主任工作经历

1994年我毕业于华东师范大学地理系，同年7月踏上教育工作岗位以来，克服了孩子小、双方父母亲都在外地等生活困难，工作最初的十多年，我几乎都在班主任工作的第一线。班主任工作中虽然没有什么轰轰烈烈的事情，但是我每天踏实而勤奋地做着自己觉得应该做的事情。这些平凡的事，如何做，怎么做好，是有讲究的。

班主任工作是一个充满艺术性、科学性的工作。在这十多年的班主任工作过程中，我积累了一定的经验，取得了一定的成绩，也领悟到了其中蕴涵的一些科学道理。细细想来，概括为以下几点，也算是自己的工作特色吧。

二、班主任工作特色

1.做孩子们的全科教师，引导学生全面健康发展

学生是社会的未来，更是每一个家庭的希望所在。教育者应具备科学的发展观，真正为学生的终身发展服务。因而我们教育工作者应该关注学生的情感、态度、价值观和一般能力的培养。为此，我成了孩子们的全科教师：全面关注他们学业、心理及生活细节。

由于我工作以来，多数情况下担任的是初中班主任，而我们学校位于上海市的城乡交接地带，部分家长文化素质不高，教育方法简单粗暴，一些学生的厌学情绪较强。有的学生不会学习，也不乐意学习，因此他们文化课基础比较差，回家后又没有人指导，这样恶性循环的结果是可想而知的。我意识到空洞的大道理对他们是起不到作用的。依靠扎实的文化基础，我努力帮助他们，与他们一起学习：一起背单词、古诗文、课文，一起钻研数学、物理等学科的教学内容……渐渐地，孩子们的精力就不知不觉被引导到学习上来。在学校的每一天，我随时都做好为他们解答各门学科疑难问题的准备，做起了孩子们义务全科辅导教师。担任班主任工作的十多年时间我一直如此。

青春期是孩子长大成人的开始，是心理由不成熟向成熟的过渡期。现在的孩子成长在社会经济、文化全面快速发展的时期，社会上新旧观念的碰撞、中西文化的冲突、理想与现实的矛盾，都会增加他们的心理困惑和压力。他们面临着太多的诱惑和选择，因此需

要正确引导。为了学会如何引导孩子，掌握一定的教育学、心理学方面的知识，特别是与青春期相关的知识，从科学的角度为孩子提供心理辅导和行为帮助，起到雪中送炭的作用，我从图书馆、书店、网上查找收集有关中学生心理方面的资料，努力转变角色和教育观念，改变居高临下、命令式的单向教育为平等、探讨式的双向教育，从关心孩子的生活起居转变到指导孩子的发展和成长，努力成为他们的良师益友。

此外，我还抓住一些机会，教给学生一些基本的劳动技能，亲自示范扫地、擦窗等劳动。在孩子们初中学农的时候，拔草、插秧、包馄饨、烧火等社会实践活动，我也样样能够起到示范教育作用。

2.发掘每个孩子的闪光点

新一轮的国家基础教育改革提出：作为学校教育的对象，学生是充满个性与差异的个体，“教育要适合每一位学生的发展”。这不仅是教书育人的出发点，更是实施素质教育、造就具有丰富个性的创新人才的前提。生活中，有些教师会偏爱学习成绩优秀的学生。而我，作为一名班主任教师，始终以平和的心对待每一个学生，发掘每个孩子的闪光点。孩子们在我们班级中都能够找到自信。例如，我们班级的高同学，是一名智力有障碍的学生。一开始，有个别调皮的同学会去欺侮她、嘲笑她。我就利用一节班会课，介绍了我在暑假家访中的难忘经历。我说：“高同学尽管由于先天原因，智力方面有所欠缺，学习能力相对较弱。但是，在老师的眼里，她的做人应该是一流的。”同学们都面面相觑，不明白我的意思。我一字一句地说：“今年暑假，学校要求新接班的班主任对班级每一个学生都要进行家访，在我家访全班同学的过程中，她是全班42名学生中唯一为我倒茶，说‘天气热，老师辛苦了’的人。”学生们听了之后，都沉默了。看到学生有所触动，我趁热打铁，进行思想教育，让大家换位思考：如果我是高同学，或者如果高同学是我的妹妹，那么你们希望别人怎么对待她？从那一节课以后，我们班级里没有人再取笑她了，从此她也充满了自信。其他同学自此也知道了每个人都有长处，都有自己的不足之处，关键是如何善待他人，完善自己。

3.尽量避免“双差生”的出现

近十几年来，很多一线的教师都会发出这样的感叹：“学生越来越难教，班里的‘后进生’似乎越来越多。”这些学生，几乎都是学习较差，思想后进的“双差生”。“双差生”虽然在班级中人数较少，但是对班集体发展有较大的影响。他们不但会对一些中间状态的学生的成长产生负面的影响，打击其他学生的学习积极性，还在一定的程度上，影响班级部分学科的课堂纪律，妨碍班级教学工作的正常进行。所以做好“双差生”的个别教育工作，不仅关系到一个学生的前途，还关系到一个班集体的成长和一个家庭的幸福。只要我们稍稍留意一下，就会发现“双差生”并不是一开始就是“双差生”。普遍情况是他们由于学习或品德差，未得到正确引导，因而逐渐导致了另一方面也差。事实上，教师如果不对“双差生”做耐心细致的教育工作，而是将他们看作班集体的累赘，采取简单粗暴的教育方法，或者冷嘲热讽致使他们放弃学习，或者劝他们转学等种种错误教育思想和方法，将极大地伤害学生的自尊心，从而使他们更加自暴自弃。作为班主任，我们要尽量避免“双差生”的出现，对学习有困难的学生，也应该多鼓励。例如，十几年前，我班级中有一位任同学，由于他数学、英语学习基础差，班级的语文、数学、英语三门主要学科的任课教师都多次在课堂上警示、提醒过他，这样下去会让他留级的。他听了以后认为自己反正要留级了，于是自暴自弃，打架、迟到等问题不断。我开始对他做深入细致的思想工作，并多次鼓励，同时和语文、数学、英语三门学科的任课教师沟通，希望老师们拉他一把，多鼓励他。他自己也开始努力，加上老师们的合力教育，慢慢地，他的语文、数学、英语三门学科成绩逐渐提高了，上课纪律问题也没有了。由于作为班主任的我是地理老师，因此他对地理课的学习非常有兴趣。当时，我利用地理课和班会的时间，组织学生参与2010年上海世博会口号征集活动。他也非常积极地参加。他撰写的口号“城市中的自然，自然中的城市”，入选了2010年上海世界博览会的宣传口号，而且获得了1000元的奖金。这笔奖金对于父母双双下岗的家庭来说，意义巨大，更是对任同学的肯定和激励，他从中找到了自信。最后他不仅没有成为“双差生”，还从此增强了自信、自强的生活动力和勇气。

4.思想教育要与时俱进

时代在发展，社会在进步。对于现在的独生子女来说，你再对他们讲过去的艰苦生活的经历，他们往往会很反感，甚至产生厌恶情绪。所以，无论是举例子，还是搞活动，班主任工作一定要与时代接轨，与时俱进。例如，当我从电视上得知上海市要申办2010年世界博览会，正准备面向全市开展口号征集活动。我想这是对孩子们进行社会责任感教育的好时机。于是，我就给孩子们讲述了上海举办世界博览会的积极意义，口号的书写形式等。我们全体师生共同参与了上海市申办世博会领导小组举办的口号征集活动。全市一万余条应征口号中选出50条入围口号，我们班级就有4条入围。最后，在全市10条入选口号中，任同学的“城市中的自然，自然中的城市”获大奖。孩子们的热情被激发出来了，2002年3月，当同学们得知国际展览局考察团的领导将到上海市来参观考察上海市是否有能力举办世界博览会时，我们全班沸腾了，同学们觉得自己有义务为此做更多的工作。在中队长桑同学的倡议下，3月10日下午，我们全中队的同学来到商场广场上对周围的路人或顾客宣传世博会的知识，并进行了问卷调查。我们发放了大量的世博会的宣传品和宣传资料，也进行了400多人次的有关世博会的调查访问。活动是辛苦的，但我们感受到了成功的喜悦。因为我们是全市唯一一个师生共同参与申博口号征集的集体，当时的中队长桑同学和我两次应邀到上海电视台作为嘉宾主持，通过周日作文栏目，对全市中小学生进行有关世博会申办的宣传，引发了很好的社会效应。我们成为全市闻名的“申博班”。我们的事迹被中央电视台、上海电视台、《解放报》、《文汇报》、《青年报》等纷纷报道。

通过自己的不懈努力，我的班主任工作得到了学校领导、学生家长以及同事的普遍认可。在学校的班主任考核中，我总能排在前列，所带教班级的行为规范在学校评比中也名列前茅。班主任工作让我的生活充实，有成就感。